走進中亞三國

尋找絲路的故事

馮珍今 著

目錄

二

三

推薦序

二零一三年國家提出「一帶一路」的跨國經濟發展宏圖，其中所謂「一帶」，就是指新疆迤西，經中、西亞以迄歐洲的地區，與古代的陸上絲綢之路重疊。那時候，中外商旅絡繹於途，到了近代，作為貫通東西亞的中亞地區，已消失在國人的視線中，因為「一帶一路」的提出，卻一下子備受關注。張騫通西域、玄奘西行取經、怛羅斯之役、成吉思汗西征，以至匈奴、烏孫、康居、突厥、粟特、葛邏祿這些大家在中學讀中國歷史時涉獵過的歷史事件及古民族，都與中亞有千絲萬縷的關係。誠然，中亞地區是中西文化交流薈萃之地，這裏受過斯基泰、波斯、希臘、突厥、阿拉伯及俄羅斯文化的影響，無論人種及文化均十分多樣化，而在伊斯蘭教未取得壟斷地位前，這裏有佛教、摩尼教、景教及瑣羅亞斯德教，時至今天還留下不少遺跡，是一個文化大熔爐。

我早年唸歷史出身，一生跟歷史結下不解緣，尤其對邊疆民族情有獨鍾，益發覺得中亞地區別具魅力。近年往返多次，曾立志要把見聞記下來，將來可付印，與讀者分享；但一貫的壞習慣，是只說不做，耽擱下來。幸而曾一起往中亞三國考察的好友馮珍今女士為我完成了這個心願。馮女士不是唸歷史出身，她是一個歷史文化愛好者，在旅程中，每見她手拿筆記本，孜孜不倦的把旅途見聞記錄下來，這本《走進中亞三國——尋找絲路的故事》就是在以她的筆記紀錄為基礎，再翻查有關書籍，補充了大量資料而寫成。馮女士修讀文學出身，文筆優美，此書既像遊記，又非一般遊記，娓娓道來，令讀者有如置身其地，對中亞今昔有興趣的朋友，計劃去中亞旅行、考察的朋友，誠意向你推薦這本書。

丁新豹

丁酉年歲暮

前言

綿亙絲路，說不盡的故事

我雖然唸文學，但自少就喜歡讀歷史、看地圖。

中學時代，早已聽過張騫鑿空西域、玄奘西行取經、成吉思汗西征的故事。

兩千多年前，漢武帝派張騫兩度出使西域，開拓了陸上的絲綢之路。至隋唐，絲路貿易進入全盛時期，商旅熙來攘往、駝隊連綿不絕。活躍在絲路上的，有波斯人、粟特人、突厥人、阿拉伯人、大夏人、回鶻人……漢人卻不多。

絲路過客把中國的絲綢運往中西亞，遠及羅馬；而西方的物產與文化亦因而傳入中土，不單對中國人的社會生活帶來改變，在思想、宗教、曆學、天文學，以及音樂、舞蹈等藝術領域亦產生巨大影響。

「中亞」位於歐亞絲路之交匯處，地理位置極為重要，是胡漢文化交流之地，中國與印度、波斯、希臘、阿拉伯等國的文化交融互動，亦在此地完成。如佛教、摩尼教、景教及祆教（瑣羅亞斯德教），以至伊斯蘭教都是循着絲路，經中亞傳入中國的。

在王朝的更替上，中亞曾經歷了波斯王大流士的統治、馬其頓亞歷山大大帝的東征，也曾出現了貴霜王朝、薩珊王朝、突厥汗國、大食帝國、蒙古帝國、帖木兒帝國……

不同的國家、不同民族，在此地孕育出燦爛多姿的文明。

曾幾何時，中亞是伊斯蘭世界的中心！

至明初，西亞被奧斯曼帝國佔領，絲路因而受阻，歐洲人開拓海路來亞洲貿易。海上絲路興起後，隨着陸上絲路的沒落，再加上沙俄入侵，繼而被蘇聯納入版圖，中亞恍似在世上消失，淪為一塊封閉而與世隔絕的放逐之地。

蘇聯一夕解體，中亞各個「斯坦」，逐一獨立，成了中國西面的新鄰居。驟眼看來，烏茲別克、吉爾吉斯、哈薩克……全是地圖上的名字，與我們似乎毫無聯繫。可是，單憑名字，已引起無窮的想像。

近幾年來，因緣際會，曾多次參加文化之旅。

二零一四年，我到過伊朗，走進這個令人目眩神迷的世界裏，昔日璀璨的波斯文明，令人醉倒；絢爛多元的伊斯蘭文化，亦教人驚艷。

隨後，我開始將注意力轉移到中亞，連串陌生的名字，與我們似乎毫無聯繫。

翻開史籍一看，這些地方，自古以來，就與中國有着千絲萬縷的關係。中亞有不少民族來自中國，亦曾幾度列入中國版圖之內。

且不說漢朝，七世紀時，中亞粟特人建立的邦國，曾臣屬於大唐，受安西都護府管轄；至十三世紀，成吉思汗的次子察合台曾於此地建立察合台汗國；滿清崛起後，與此處的浩罕汗國亦往來頻繁。

其實，這些中亞國家所處的地域，在歷史或小說中，已讀過無數遍，只不過，它們並不以這些名字出現而已。

以「花剌子模」為例，如果你唸過中國歷史，一定聽過它的名字，它是蒙古西征的導火線。這個位於烏茲別克和土庫曼交界處附近的王國，在全盛時期，其版圖幾乎囊括大部分的中亞。還有「撒馬爾罕」，十三世紀初，它是花剌子模的主城，亦是成吉思汗西征的目標。在武俠小說家金庸的筆下，它卻成了一個曾被郭靖攻破的古城堡。

回顧歷史，朝聖者、商隊、探險家、士兵……在這片偌大的土地上，曾留下多少的足跡？

第一次涉足中亞，是四年前，最先到的是烏茲別克斯坦，不到半年，我又再度踏上征途，前往吉爾吉斯斯坦和哈薩克斯坦。

在異國的草原上，雖然看不見汗血寶馬奔騰馳騁；也未能目睹絲路駝隊熙熙攘攘，但我仍然聽到羌笛羯鼓在古城裏響起，幽怨悲涼；也可看到胡旋舞女仍為遠方的來客翩翩起舞，左旋右轉不知疲……

置身烏茲別克時，在塔什干，站立在帖木兒廣場上，鐵馬金戈的銅像仍屹立眼前，遙想當年，身經百戰的猛將早已灰飛煙滅；在撒馬爾罕，流連在雷吉斯坦廣場內，古老的經學院至今猶在，然而，莘莘學子研習經書的場面，已蕩然無存；在布哈拉，徘徊於波依卡揚廣場中，蒙古鐵騎的征塵已絕，高聳的宣禮塔尚存，穆斯林的禱告聲有若穿越時空而來……

來到吉爾吉斯，徉徜伊塞克湖畔，湖中已無靈怪，但玄奘的行腳，仍有跡可尋；在碎葉遺址，城西無秋月，詩仙李白的誕生地，倒惹來不少爭議……

身在哈薩克的塔拉茲，找不到煙塵莽莽的古戰場，卻浮想聯翩，想起了造紙術的西傳；跑到阿拉木圖去，竟找到了冼星海大街，耳畔彷彿響起了《黃河大合唱》……

古人說，讀萬卷書，行萬里路。行畢萬里路，再閱萬卷書，可以豐富你的生命。

有人說，絲路萬里，六千里在中亞。

綿亙絲路，有說不盡的故事，字裏行間，亦有看不盡的人生風景！

馮珍今

戊戌年初春

一

烏茲別克斯坦

UZBEKISTAN

雙重內陸國

對於烏茲別克，大多數人覺得很陌生，也感到很神秘。很多朋友都會追問：究竟烏茲別克在哪裏？這個文明古國就在中亞細亞，現為中亞五國之一。

一九九一年，蘇聯解體後，在亞洲的中部，五個以「斯坦」命名的獨立國家，包括烏茲別克斯坦、哈薩克斯坦、吉爾吉斯斯坦、塔吉克斯坦及土庫曼斯坦，統稱中亞五國。

烏茲別克斯坦位於裏海之東，哈薩克之南，西北瀕臨鹹海，國土大部分在紅沙漠中，國境與中亞其他四國毗鄰，其南部則與阿富汗接壤，由於其鄰國皆為內陸國，不鄰近任何海洋，故為世上兩個雙重內陸國之一，另一則為歐陸小國列支敦士登。

別小看這個內陸國家，它的多座城市位於古代「絲路」必經之地，肩負着溝通歐洲與亞洲的重要作用。早在漢代，已有商旅經過，此外，馬可波羅來華，歐洲傳教士東來，走的就是這條貫通歐亞的古道。

讀歷史的人，一定忘不了漢武帝時的張騫，他出使西域，被譽為「鑿空西域第一人」。他曾到過大宛，經康居，即現時的烏茲別克的河中地區一帶，當時居住在這裏的是粟特人。粟特人善於經商，他們穿過沙漠，翻過雪山嶺，到洛陽進行貿易，甚至定居下來。

至隋唐時期，有所謂「昭武九姓」，包括康、史、安、曹、石、米、何、火尋和戊地，他們立國於古絲路之上，世代善於經商。其中「康國」指的就是撒馬爾罕，「安國」就在布哈拉一帶，至於「石國」即指塔什干。史料記載，安國曾向唐朝進汗血寶馬。唐朝安史之亂的安祿山，即來自安國的祿山，但有說他本姓康，冒姓安氏而已。

蒙古三次西征，成吉思汗在第一次西征時，親率二十萬大軍征服了花剌子模，包括了河中地區的布哈拉和撒馬爾罕。蒙古大軍所到之處，破壞掠奪之餘，往往只留下一座空城，這兩座名城亦不例外。

烏茲別克有「自己的主人」之意。烏茲別克的民族名稱，源自十四世紀蒙古之欽察汗國的統治者烏茲別克汗。十六世紀初，昔班尼汗國率領烏茲別克族南下，取代帖木兒王朝，由於烏茲別克人的語言與當地相近，加上統治者的優勢，因而促成烏茲別克民族的形成。

在中亞五國之中，它是人口最多的國家，而且種族眾多，其中烏茲別克人佔大多數，大約八成，其他有俄羅斯人、塔吉克人、哈薩克人、吉爾吉斯人、亞美尼亞人、朝鮮人及猶太人等。

在飲食方面，由於祖先為草原遊牧民族，日常飲食以抓飯、烤肉、饢餅和奶類製品為主。

此地名城眾多，古跡遍地，活像一座座露天博物館，重現當年的歷史風貌。

作為古代中亞的文化藝術中心，烏茲別克的建築、雕塑、歌舞各具藝術特色，其中以精密畫、建築裝飾，以至木雕、石雕、彩繪、編織、刺繡、珠寶等傳統手工藝更為出類拔萃。

二千五百年來，波斯帝國、亞歷山大大帝、漢武帝、唐太宗、大食帝國、帖木兒、俄羅斯……都曾嘗試征服控制此地，想不到最後卻落在蘇聯手上，至一九九一年八月三十一日烏茲別克才宣佈獨立。

重生的石頭城——塔什干（Tashkent）

大清早從香港出發，抵北京後，等候了幾個小時，再轉機往烏茲別克的首都塔什干。飛機降落後，已是當地時間晚上七時多。在人頭湧湧、一片混亂的機場入境處，填了兩份出入境表格，擾攘了差不多兩個小時，才辦妥入境手續。

在旅遊車上，歡迎我們的是兩位導遊——其中一位是中年男士，能操流利英語的「沙琪」，樣子看來比較嚴肅；還有一位年輕的美女「李娜」，說的卻是普通話。

在塔什干吃的第一頓晚飯，是在晚上九時多，當地與香港的時差為三小時，此刻已是香港的十二時多，晚餐雖然相當豐富——不同款式的新鮮沙律、美味的蘑菇湯，主菜是烤雞，還有水果，但折騰了一整天，大夥兒已筋疲力盡，故此吃得不多，剩下不少美味的食物，實在罪過！

塔什干是突厥語，意指「石頭城」。「昭武九姓」中的「石國」，指的就是這一帶。這座古城，早在公元前二世紀就建有城池，六世紀就以商業、手工業著稱，是「絲綢之路」必經之地。中國古代的張騫來過，法顯、玄奘也來過，現在，我們也來了。

塔什干位於錫爾河支流奇爾奇克河河谷的綠洲中心，是烏茲別克的首都，更是中亞主要的交通樞紐。塔什干歷史悠久，有文字記載的歷史是一千五百多年，曾一度被哈薩克汗國佔領，至今兩國恩怨仍在、嫌隙猶存。

一九六六年的大地震，破壞了這個城市百分之七十以上的房屋，幾乎全城盡毀，幾十萬人罹難，大部分古老的遺跡皆埋於土中。經過大規模的重建，不到幾年時間，廢墟上又重現一座嶄新的城市。

在前蘇聯時期，塔什干曾是中亞最大的城市，如今，歷史已掀起新的一頁，然而，此地蘇化的痕跡尚未退減。

現時的塔什干，城中有八道人工河、七千萬棵樹，刻意經營下，昔日的「石頭城」，已化身為綠色的城市。

綠色的城市塔什干

烏茲別克斯坦地圖

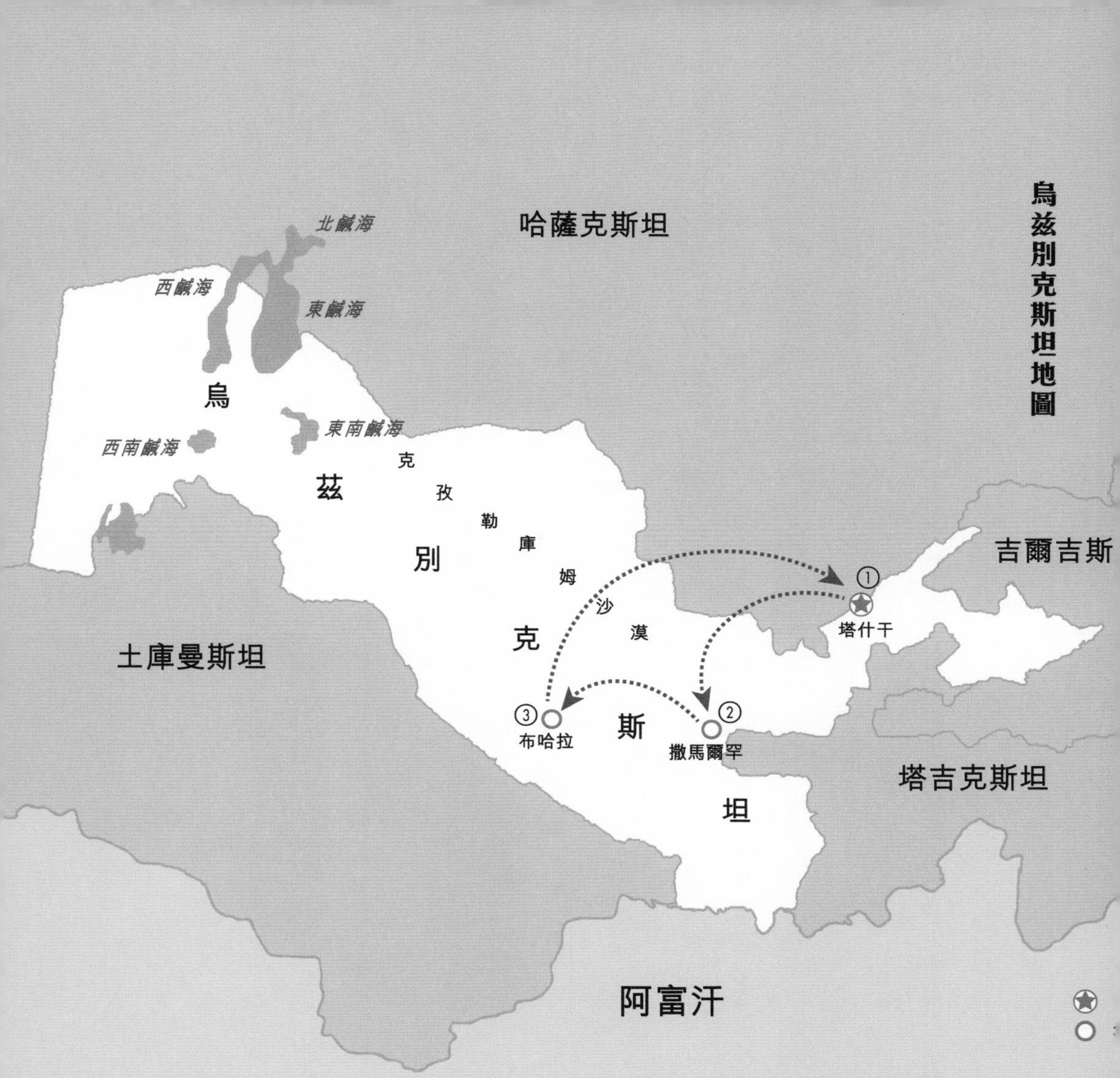
哈薩克斯坦
北鹹海
西鹹海
東鹹海
烏茲別克斯坦
東南鹹海
西南鹹海
克孜勒庫姆沙漠
吉爾吉斯
①
塔什干
土庫曼斯坦
③
布哈拉
②
撒馬爾罕
塔吉克斯坦
阿富汗

「鐵馬金戈」帖木兒

在塔什干的第一個參觀點，便是帖木兒廣場（Amir Temur Square），為了紀念這位叱吒風雲的人物，廣場的正中，豎立着帖木兒的銅像，鐵馬金戈，雄姿英發。在前蘇聯時代，此處被稱為「革命廣場」，擺放的是列寧像，至一九九三年才被帖木兒像取而代之。

烏茲別克曾是帖木兒帝國的所在地。帖木兒（Amir Temur）生於一三三六年四月八日，卒於一四零五年二月十八日，活了六十九歲。從一三七零年至一四零五年，他做了三十五年可汗。

帖木兒有「跛子」的外號，據說他曾因作戰而受傷，亦有一說，是他年少氣盛，跟人毆鬥所致。關於他的出身，也有不同的說法，他自稱有成吉思汗母系的血統，是鐵木真的後裔。後來他娶了蒙古公主，所以也有人認為他是蒙古人的後裔。事實上，他身上流的應該是突厥人的血液。

帖木兒創立的帝國，在頂峰時期，版圖幾乎囊括整個中亞——東至印度西

帖木兒的銅像

帖木兒博物館

北角、西至阿拉伯半島、北至鹹海一帶。他佔領過大馬士革，也征服了奧斯曼帝國，統治過原伊兒汗國、欽察汗國的土地。他最大的夢想，就是與成吉思汗一樣，建立一個幅員廣袤的大帝國。

翻開歷史一看，帖木兒帝國存在了一百三十六年，這個帝國被推翻，正滅於烏茲別克人之手，但時至今日，帖木兒卻成了他們的民族英雄。也許，獨立後的烏茲別克斯坦，需要的是一個「偶像」，可以凝聚民族的自尊心。踏進烏茲別克的土地上，帖木兒就像一個人的影子，老是隨着我們四處行走。

從帖木兒廣場走過對面的大街，不遠處就是帖木兒博物館，一座白色的圓形建築物，天青色的圓穹，典型的伊斯蘭風格。館內的主要展品，都與帖木兒息息相關——帝國的版圖、家族的歷史……，另有大量的圖片、繪畫……，少不了的是文物，包括古籍、陶瓷、木器、漆盒、細密畫，還有布帛、服飾、錢幣、磚瓦……，非常的「波斯」，跟我們在伊朗看到的文物，風格大致相

博物館收藏的細密畫

若。最有趣的是天文學方面的資料，看得我津津有味，此刻才知道，早在十四世紀，帖木兒帝國的時代，中亞的天文學，已發展得相當不錯。

展品雖然豐富，可惜當天在博物館的大堂內，有一隊來自非洲的樂隊在表演，載歌載舞，鼓聲震天，吵得叫人受不了。我至今還不明白，何以博物館內會有歌舞表演。我們逗留了一會兒，便匆匆離開，往獨立廣場去。

悲泣的母親，獨立廣場上的銅像

獨立廣場（Independence Square）是塔什干最重要的廣場，象徵自由和獨立，也是希望之地。廣場像一個寧靜的大公園，信步而行，四周古樹成蔭、綠草如茵，紅的、黃的花兒盛放着。

沿路走過去，有一座紀念碑，觸目的是一個巨型銅像——抱

悲泣的母親雕塑

膝而坐，俯首悲泣的母親雕塑——The Weeping Mother，塑像前，圓形的雲石中間，是顆八角星，中間燃點着永不熄滅的「長明火」，旁邊的雲石上，仍擺放着不少鮮花。塑像兩旁的石壁上，分別刻上俄文和烏茲別克文的字句，譯成英文，就是「They are all in my heart」(他們長在我心間)，一語道盡天下母親的心聲！

此處紀念的是第二次世界大戰時的烈士，當時，烏茲別克派了五十萬人上戰場，結果有三十五萬人陣亡了。仰望那雙眉緊蹙、雙目含淚的蒼老臉龐，想起了「可憐無定河邊骨，猶是深閨夢裏人」，心底裏永遠惦念着戰士的，除了悲傷的母親，還有閨中淒怨的少婦吧！

最令人震撼的是紀念碑附近的紀念長廊，帶有傳統的伊斯蘭建築風格，長廊對外的一側，豎立着一根根雕刻精美的木柱，貼近牆的另一邊，則鑲嵌着一塊塊的銅板，上面鐫刻着死難將士的名字，供後人追思。

紀念碑附近的紀念長廊

在廣場的另一邊，豎立着一個巨大的地球儀，據説，以前擺放的是一尊列寧像，獨立後才換掉了。地球儀顯示出烏茲別克的版圖，豎立在赭紅色的雲石柱上，甚具氣勢，柱上刻有烏茲別克的圓形國徽。柱前立着一個塑像——年輕的母親，臉帶微笑，低頭俯視手抱的嬰兒。母親是大地之母，嬰兒象徵希望……

兩尊同樣以母親為題材的塑像，對比相當大，從悲泣到微笑，前者是過去式，後者是現在進行式。眼前的雕塑，正正反映了烏茲別克人此刻的心願和冀盼！

我們，被喚作契丹人

在塑像附近，我們遇上了兩位當地的婦女，帶着兩個可愛的小女孩。她們穿上民族服飾——絲質彩紋亮麗的鬆身裙子，其中一位還繫上傳統頭巾，非常好看；蠻漂亮的女孩，披上潔白的長裙子，腰間繫上粉紅色蝴蝶結，靦靦覥覥的樣子，特別惹人憐愛。

年輕的母親塑像

她們都很友善，臉上掛着親切的笑容，雖然語言不通，卻仍然樂意跟我們合照。不少團友爭相與小女孩拍照，其中一個年紀較小的，竟被弄哭了，看來是我們的熱情，嚇怕了她。當她們知道我們是中國人後，竟喚我們作 Khita（契丹）人。

在十世紀初，契丹興起，耶律阿保機在中國北方建立了強大的王朝——遼，遼全盛時期的疆域東到日本海，西至阿爾泰山，北到額爾古納河、大興安嶺一帶，南至河北省南部的白溝河。遼亡於金後，耶律大石西遷到中亞楚河流域，於一一三二年建立西遼。其後，耶律大石向中亞及西亞地區擴張，威名遠播至歐洲。

遼的軍事力量與影響力涵蓋西域地區，因此中亞、西亞與東歐等地區將契丹視為中國的代表稱謂。伊斯蘭的文獻，稱北中國為契丹（Khita、Khata），而俄語、希臘語、中古英語都把中國統稱為契丹，分別為 Khita、Kitala、Cathay，這也就是國泰航空公司（Cathay Pacific Airways）名字的由來。

花園餐廳與「手抓飯」

在市內一所漂亮的花園餐廳內，我們吃了一頓別具特色的午餐。進入餐廳後，路經烤麵包的陶窰，只見麵包附在窰壁上，非常特別。麵包師傅熟練的手藝、羊肉麵包誘人的香氣，引得大夥兒紛紛圍攏過去，或拍照、或駐足而觀……

四人一張桌子，漂亮的格子桌布，舒適的環境，對於這裏的食物，大家都有所期待。食物端上來，人人都急不及待，據案大嚼。

小小羊肉麵包串，熱騰騰的，配上美味的羊肉湯，已教我飽了一大半。隨着端來一大盤地道的「手抓飯」，油汪汪的，脂香四溢，實在惹人垂涎，可惜太油膩了，我只能吃了一小碟。

「手抓飯」是中亞、北印度、新疆等地的傳統食物，不同地方的手抓飯有不同的配料，做法卻大同小異。它的原料很簡單，主要有大米、羊肉、胡蘿蔔、洋蔥、雜豆、葡萄乾或杏乾……集五穀、蔬菜、肉類於一

烤麵包的陶窰

地道的「手抓飯」

鍋之中，營養均衡，可口美味。據説洋蔥有助降低血液中的膽固醇，當地人好羊肉、羊油，但是患高血脂和高血壓的人相對較少，這和常吃洋蔥不無關係。

西域多胡蘿蔔、洋蔥，少產大米；而農耕地區，卻缺少牛羊肉。「手抓飯」，大抵是遊牧與農耕民族，在飲食文化方面的混合體。

餐後的甜品最厲害，方形的甜酥餅，一嚐之下，簡直令人難以抗拒！幸而餐廳旁邊是公園，吃飽了撐着，可以散步去。步出餐廳時，導遊邊行邊説：「烏茲別克最地道的手抓飯，就在這裏吃到……」

流放到中亞的朝鮮人

大抵是吉日良辰，離開餐廳的時候，竟然遇上了一對新人和親友在拍照，李娜告訴我們，秋高氣爽的九月，既是氣候宜人，又不必忙於農事，是烏茲別克結婚的旺季。

花園餐廳

新娘子是金髮的俄羅斯美人，而新郎長的卻是一副東方臉孔，一問之下，原來是朝鮮人。朝鮮人？奇怪嗎？原來烏茲別克有五十萬的朝鮮人居住，他們的祖先，本來居住在千里以外的蘇聯邊境，在第二次世界大戰時，被史太林集體流放到中亞。

眼前的新郎，已是土生土長的烏茲別克人。這對新人非常友善，我們也毫不客氣，大夥兒又一湧而上，跟人家拍大合照。

其後，參觀國家歷史博物館時，也許是天意，在館內首先看到的，就是朝鮮人民在烏茲別克的歷史。

試想想，遠在七十年多前，他們從原居地被押送上車，運往中亞，一個也不剩。深夜的軍令，急促的敲門聲，不准帶行李，關在密封的、擁擠無比的火車載貨車廂內，沿途不得下車，食物與食水的供應幾乎斷絕……許多老弱病者都死在途中。這批遭到鎮壓的少數民族，流放到這裏，有的捱不住，不久便喪命，有的在工地或農場服苦役，日夜被看守，完全沒有行動自由，甚麼叫做慘無人道，這就是活生生的例子。

千里迢迢，被逼遷於此的朝鮮人，從此在中亞落地生根。

時代巨輪向前滾動，蘇聯解體後，世界變了天。

今時今日，這裏的朝鮮人，不但將朝鮮文化和飲食習慣帶來烏茲別克，也將許多韓國製的商品引進來。怪不得在首爾，每天都有直航機飛到首都塔什干。馬路上，看到的大都是韓製的 Daewoo 車，「三星」的廣告牌比比皆是；漫步街頭，也會見到不少朝鮮人的臉孔，從身旁擦肩而過。

從博物館到經學院

這天下午，吃過地道的手抓飯後，下一站，就是國家歷史博物館（State Museum of History of Uzbekistan），遠遠看來，博物館的外形很現代化，整座建築是不對稱的立方體，帶有「永久」的象徵意義，但走近細視，大門的木雕，卻是典型的烏茲別克民族紋飾。

想了解突厥古今歷史的人，絕不能錯過這所博物館。

國家歷史博物館

博物館相當大，是中亞地區最大的博物館之一，收藏了很多珍貴的歷史文物，從石器時代到現當代，藏品超過二十六萬七千件，文物包括石器、青銅器、鐵器、陶器、瓷器、金器、玉器、兵器、錢幣……還有雕像、泥塑、壁畫、書籍、木器、漆盒、細密畫……多不勝數。

二樓是我們流連最久的地方，既有祆教、佛教的文物，也有基督教、伊斯蘭教的展品。其中有兩件鎮館之寶，其一是黑色的「雙蛇石雕」，是公元前二千年的文物，石雕呈環狀，雙蛇蛇首相對，昂然互視，首尾相連，蛇身滿佈小孔，孔內鑲上黃金粒，閃閃生輝，造型獨特而生動，鑲嵌技術之高超，令人咋舌。

於我來說，另一座白色的「佛像雕塑」，更彌足珍貴，是一至二世紀的藝術品，來自南部的蘇爾漢河區。端坐中央的是佛陀，法相莊嚴，面容呈橢圓形，祥眉慈目，鼻樑高而長，頭髮呈波浪形，並有頂髻，衣衫較薄，衣褶隱約可見；兩旁侍立的應是阿難和迦葉，可惜雙手已斷。西漢初年，佛教從印度傳至此地，再傳往天山新疆一帶，然後傳入中國。

雙蛇石雕

佛像雕塑

從塑像的造型來看，風格接近印度，應是犍陀羅時期的作品。

據說，烏茲別克的冶金術甚高超，早在三千多年前，已鑄造不少極漂亮的金器，不過，大部分珍貴的精品，早已被蘇聯人掠奪一空，現在收藏在俄國聖彼得堡的冬宮博物館（Hermitage Museum）內，可惜！

烏茲別克一直以來，不單只受到多元的文化，如突厥、波斯、希臘、印度、蒙古的洗禮，還加上不同的宗教，如祆教（俗稱拜火教）、摩尼教、佛教、基督教、伊斯蘭教的影響，不同的思想與文化互相交流衝擊，令藝術品的風格非常多樣化，其瑰麗多姿，實在令人驚歎不已。

黃昏時分，我們來到了一間古老的經學院。經學院的建築一般分為兩層，下層是教室，二樓就是學員宿舍。這間經學院已不再是學院，現已化身為一所手工藝作坊，出售不同的工藝品，有精雕細鏤的木器，例如盒子、書架；工筆描畫的細密畫、色彩斑爛的漆盒，還有拙樸的陶瓷……，全都蠻有特色。我們在此鑽來鑽去，真有點目迷五色的感覺。

木造的工藝品，一直都是我的至愛，這裏的木雕書架，設計固然獨特，手工也很精細，我一看就着迷，愛不釋手，考慮了一陣子，還是乖乖掏出錢來，選購了一個。

步出工藝作坊時，已是夕陽西下，涼風迎面吹來，回首那破落的經學院，不禁想起了「朱雀橋邊野草花，烏衣巷口夕陽斜。舊時王謝堂前燕，飛入尋常百姓家。」這首詩。曾是莘莘學子研習經書的高級學府，竟淪為工藝作坊，實在令人感慨。

文化的十字路口——撒馬爾罕（Samarkand）

來到烏茲別克，當然不能不遊撒馬爾罕——烏茲別克的第二大城。

由塔什干到撒馬爾罕，我們坐的是火車，塔什干的火車站很大，典型的蘇式建築。據介紹，火車產自西班牙，跟中國的高鐵、日本的子彈火車、法國的TGV相類，車行速度並不太快，而且比較顛簸，可能跟路軌的落後有關。一路上，往窗外眺望，有沙山、石嶺，也有村落、農田，還有牛羊……綠色卻愈來愈少。行車接近兩個小時，撒馬爾罕這個沙漠中的綠洲，終於遙遙在望。

撒馬爾罕是帖木兒帝國的首都，這個古老的城市，在中亞絲路上赫赫有名，它位於澤拉夫尚河谷地，有二千五百多年歷史，被稱為「東方璀璨的明珠」，曾是重要的政治、科學、文化中心，也是絲路必經之地。在古絲路之上，它相當於「小長安」，中國的商隊從長安出發，長途跋涉後到達此地，然後從這裏分別通往波斯、印度和歐洲等地。

撒馬爾罕意指「肥沃的土地」。漢代張騫出使西域，曾到過這一帶，稱之為「康居」，當時居住在這裏的是粟特人。隋唐時期，這個地方就是「昭武九姓」中的康國。唐玄奘《大唐西域記》中的「颯秣建」指的就是撒馬爾罕；書中形容此地「土地沃壤，稼穡備植，林樹蓊鬱，花果滋茂，多出善馬」，又指當地人「其性猛烈，視死如歸，戰無前敵。」元耶律楚材《西遊錄》稱之為「尋思干」，亦云：「尋思干者，西人云肥也，以地土肥饒故名之。」可見自古以來，此乃富饒之地。

亞歷山大大帝叱咤一時，曾征服過不少地方，公元前三二九年，他攻佔撒馬爾罕（希臘人稱之為馬拉坎達）後，也忍不住稱讚：「關於馬拉坎達，除了比我想像的更美之外，我聽到所有的傳說都是真的。」

作為絲路上的樞紐，撒馬爾罕一直都是東西文明交流和衝突的核心地區，先後被土耳其人、阿拉伯人、蒙古人和伊朗人佔領。這座玄奘逗留過的歷史名城，受到阿拉伯軍和蒙古西征的破壞，經歷了一次復一次烈火焚城，已不復存在。

如果看過金庸的小說《射鵰英雄傳》，大概知道郭靖成為金刀駙馬的地方，就在這裏。小說是虛構的，但蒙古大軍西征的故事，確實為這座古城帶來了不少傳奇。

至十三世紀中，帖木兒以九年的時間東征西討，統一了中亞，建立了帖木兒帝國，才在附近重新建造今日的撒馬爾罕，原有的地方已化成廢墟阿夫洛西阿卜（Afrosiab），就在城的北郊。

十六世紀烏茲別克昔班尼王朝興起，遷都布哈拉，撒馬爾罕才開始逐漸衰落。

帖木兒的「詛咒」

進城後，我們首先參觀的，就是帖木兒家族的墓地——古里・埃米爾（Gur-Emir）陵墓。「如果天穹消失，此穹頂便可取而代之」，據説一位詩人看到這個陵墓時，發出如斯的慨歎。

高聳的宣禮塔、巨大的拱門、青藍色的穹頂、繪滿壁飾的牆面，色彩華艷絢麗，典型的伊斯蘭風味，撲面而來。帖木兒在位時，對於城市的建設，甚為注重，這座陵墓正是其中的代表作。

帖木兒原先在故鄉沙赫里薩別茲，已為自己修建了一座簡樸的陵墓。眼前這座雄偉壯觀的陵墓，本來是他為早逝的孫兒，心目中的繼承人——穆罕默德・蘇丹（一三七六至一四零三）修建的，後來由他另一位孫兒，精於天文學的帝王烏魯伯格完成。

元亡於明，朱元璋將成吉思汗的後代——蒙古人趕回大草原，所以帖木兒一直視明朝為敵人，雖然表面上對明朝的君主必恭必敬，但暗地裏已招兵買馬，預備東征。一四零五年，年老的帖木兒，率領幾十萬大軍進攻明成祖統治下的中國。他本已進佔烏魯木齊，卻因為突然發高熱，數日不退，死於途中，可謂出師未捷，命運弄人，莫過於此。

由於冰雪封山，無法歸葬故里，於是帖木兒葬在撒馬爾罕。

走進陵墓室內，裏面已擠滿人，只見內壁下半由大理石砌成，上半是顏色絢麗的彩色琉璃磚，飾以金絲鑲嵌的幾何圖案和阿拉伯文書法，燦爛奪目，穹頂更是金碧輝煌，滿是藍寶石、瑪瑙、琉璃，還有閃閃的金箔……

墓室內安放九個象徵性的石棺槨，真正的棺槨埋在深深的地底下面。除了帖木兒的石棺，其餘八個石棺分別屬於帖木兒的兒孫（其中一個是烏魯伯格）和臣屬。其中最引人注目的，當然就是帖木兒的墨綠玉石棺，這塊巨型的和田玉，據説來自中國新疆。

一九四一年六月，蘇聯考古學家挖掘了帖木兒的墓，打開了棺槨，內有銘文曰：「擾我安息者，將遭比我更可怕的敵人擊敗。」第二天，希特拉就開始進

古里・埃米爾陵墓

攻蘇聯。這個帖木兒的詛咒，一直在流傳着，你聽過沒有？

不知是聽了「詛咒」，還是遊人太多，墓內空氣稀薄之故，置身其中，時間長了，真有點窒息的感覺。從墓地走出來，回到外面世界，火辣辣的陽光直照下來，陰森的氣氛一掃而空。

比比哈藍清真寺的傳説

在下榻的酒店午飯後，稍事休息，我們重新出發，來到了比比哈藍清真寺（Bibi Khanym Mosque）。傳説比比哈藍長得很漂亮，是帖木兒的寵妃，清真寺就是為她而建的。

比比哈藍清真寺曾經是伊斯蘭世界中，最宏偉的清真寺，主清真寺的穹頂高達四十一米，但在一八九七年的一次地震中，部分建築倒塌，二十世紀七十年代開始重新修建，至今工程仍未完成，到處可見維修搭建的鐵架。

蒼涼的比比哈藍清真寺

穿過庭院，繞到寺院的後面，眼前所見，盡是頹垣殘壁、遍地敗瓦，而且塗鴉處處，想不到華麗過後，原來是如斯的蒼涼。

古跡的背後，説不盡的是傳説和故事。這所清真寺亦有一個關於「愛情」的傳説，導遊告訴我們，帖木兒在外打仗期間，比比哈藍為了替夫君祈福，主持修建這座清真寺。豈料負責工程的建築師竟瘋狂地愛上了她，並説如果得不到她的親吻，自己會抑鬱而死，清真寺將無法如期完工，比比哈藍為了給帖木兒帶來驚喜，於是輕輕吻了他一下。結果，清真寺建成了，但帖木兒也發現「親吻」之事，盛怒之下，他將比比哈藍自宣禮塔推下，又將建築師斬首處死，同時下令所有的婦女，出外時必須佩戴面紗，以免引起男人非分之想。

比比哈藍死後，帖木兒後悔莫及，恨自己一時衝動，將愛妃處死，於是在清真寺對面，為她建造了一座華麗的陵墓，並將清真寺命名為比比哈藍。

比比哈藍清真寺的頹垣殘壁

傳説始終是傳説，但這座清真寺的雄偉與華麗，卻是有目共睹，清真寺的外面鑲嵌着藍色瓷磚，雕刻着各種花紋的大理石，走過漫長的歲月，嘗盡日曬、風吹、雨打，依然很美。

在庭院中央，有一座巨大的古蘭經大理石台，與背後青綠色圓穹的建築，互相輝映，在悠悠歲月中，見證着歷史的變遷。

「學者君王」烏魯伯格與天文台

帖木兒帝國，除武功顯赫外，還特別注重文教建設，在天文學上也頗為著名。

烏魯伯格天文台（Observatory of Ulugbek）是一座圓柱形建築物，建在山坡上。下車後，我們拾級而上，眼前又出現了烏魯伯格的銅像，背後是一幅以天文為素材的大壁畫。登上平台後，可以俯瞰全城。

烏魯伯格的畫像

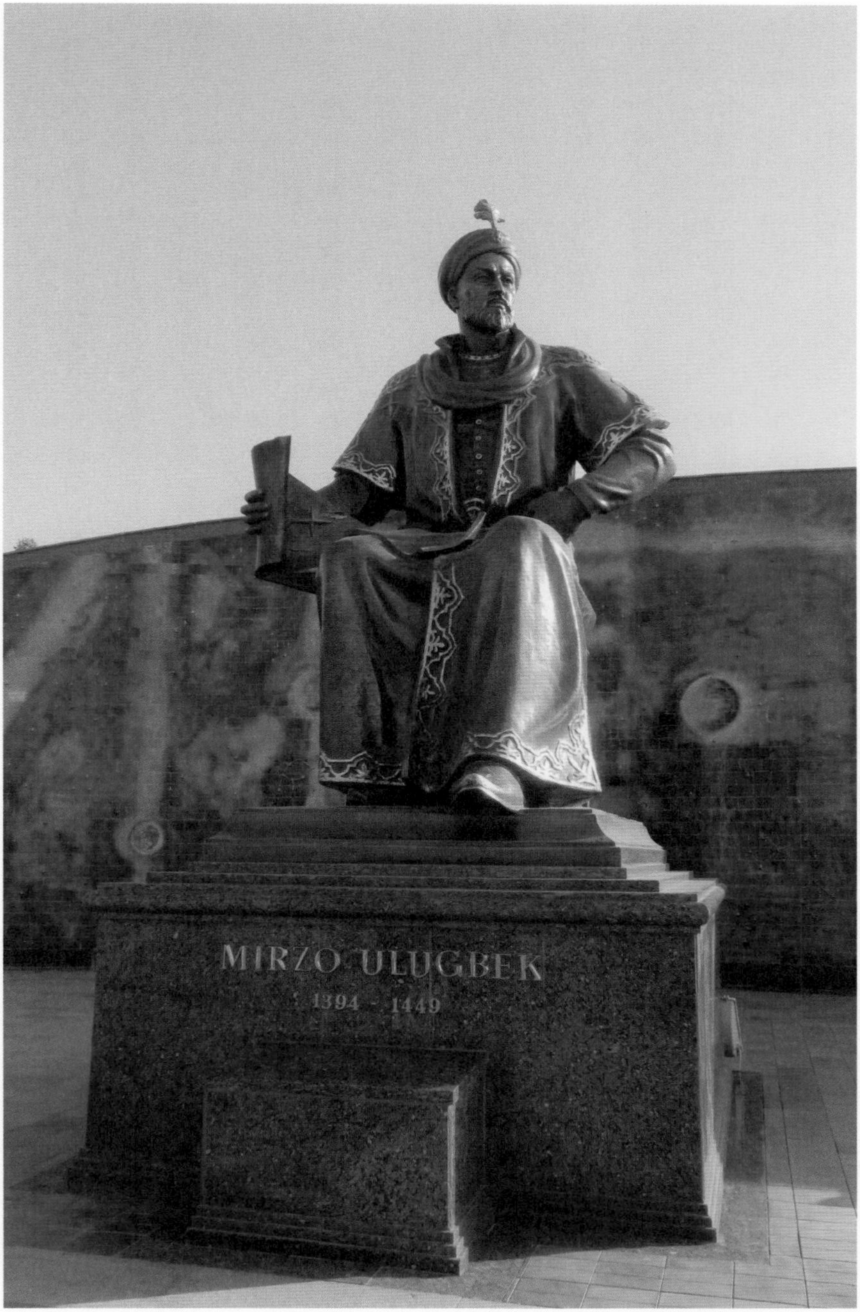
MIRZO ULUGBEK
1394 - 1449

烏魯伯格的銅像

烏魯伯格（Ulugbek，一三九四至一四四九）是帖木兒的孫兒，從小在宮廷受到良好的教育，通曉突厥文、波斯文和阿拉伯文，信奉伊斯蘭教，熟讀經典，精研教義，曾助其父沙哈魯取得汗位，分封在撒馬爾罕，其後繼承了父親的汗位。烏魯伯格博學多才，是當時著名的詩人、哲學家和天文學家，他推動了帖木兒王朝的「文藝復興」，有「學者君王」之稱。

烏魯伯格精於天文曆算，創建了天文台，裝置精密的天文儀器，收藏了大量天文曆算的圖書，曾測出的一年時間的長短，與現代科學計算的結果相差極微。

我們目前見到的，只是天文台的遺址，還有一所博物館。這座天文台，在中世紀頗具影響力，現時只剩下一座巨大的六分儀，由大理石製成，安裝在離地面十一米深、兩米寬的斜坑道裏，部分伸出地面，這就是天文台的遺址。

六分儀是個光學儀器，用來量度遠方兩個目標物之間精確角度，主要運用於天體之測量。天文台建成後，烏魯伯格經常和一羣志同道合的學者，鍥而不捨地進行研究，在三十年間測定了一千多顆恒星和行星的方位和運行資料。《烏魯伯格新天文表》於一四四六年編成，是十六世紀以前精確的天文表，也是繼古希臘天文學家希巴爾赫之後，測定星辰位置的最準確的記錄。在編纂的過程中，烏魯伯格使用的是波斯文和阿拉伯文，而不是突厥文，反映了他具有國際的視野。

十七世紀時，《新天文表》傳往歐洲，引起歐洲天文學界的驚歎。十八世紀末，著名數學家高斯亦採用了表中的計時法，可見它對西方影響之大。

博物館位於遺址的對面，是一所典型伊斯蘭風味的建築，最矚目的是入口處的木門，精雕細鏤，別具民族特色。展覽的內容，簡明清晰，反映了當年天文學家的研究成果。展品之中，印象較為深刻的是一幅畫作，將烏魯伯格和各國天文學家、科學家一起工作，共同探討問題的場景精細地描摹出來，畫中人物氣宇軒昂，神情專注，身前是個地球儀，身後的背景就是星座圖表。此外，館內有不少展品，還有觀察、探測天象的儀器。

在黑海之上——阿夫洛西阿卜博物館

遠在一二二三年，古老的撒馬爾罕毀於成吉思汗之手。至帖木兒興起後，才在附近重新建造撒馬爾罕城，原有的地方已成廢墟，就喚作阿夫洛西阿卜。這裏原是粟特人所建的首都，阿夫洛西阿卜在粟特語中，意即「在黑海之上」。

阿夫洛西阿卜博物館（Afrosiab Museum），就在天文台博物館旁邊，那是挖掘出來的舊城考古遺址，裏面陳列了地下發掘出來的文物，有陶製的器皿、不同造型的泥塑、銀幣、碑石，還有一套保存完整的象牙棋，亦有祆教的祭壇，最珍貴的是七世紀時粟特的壁畫。

大部分的壁畫已褪色剝落，但內容卻清晰反映了當時統治階層的生活面貌。其中一幅描寫了新年時，統治者率領部眾前往祭祀的情況，主角是騎馬的皇帝，騎象的皇后，還有大批騎馬的弓箭手……，神情肅穆，氣氛莊嚴；另一幅卻完全不同，左邊遊船上有一羣仕女，居中者為皇后，樂工在另一船上吹奏笛子，暢遊水中的有龍翼羊臉蛇尾的異獸，以及其他動物；左邊是穿上唐朝服飾的獵虎者，皇帝的形象明顯較大。

展品的說明，除了烏茲別克文，還有法文，原來此項考古研究，是由烏茲別克和法國學者共同合作的計劃。導賞員以俄語作詳細的講解，由李娜翻譯成普通話，聽來有點奇怪。

從阿夫洛西阿卜博物館走出來，我們溜到附近的山坡去，踩在那高低不平、幾近荒蕪的土地上，足下便是昔日的撒馬爾罕。

夕陽斜照下，四野寂靜，一片亂石荒草，想起了李華的《弔古戰場文》「浩浩乎！平沙無垠，敻不見人」，眼下光景，豈非古戰場的寫照？「黯兮慘悴，風悲日曛」，暮色漸濃，此地實在不宜久留，在導遊的催促下，大家只得快快離去，無言踏上歸程。

獨一無二的雷吉斯坦廣場

第二天早上，終於來到了聞名已久的雷吉斯坦廣場（Registan Square），它位於撒馬爾罕的中心地帶，所有道路都能通往這裏。「雷吉斯坦」意為「沙地」，遠古時代，曾有一道河流經此地，後來乾涸了，便剩下一片沙地。

廣場甚大，遊人亦多。據説，這個廣場是仿照伊朗伊斯法罕的伊瑪目廣場建成的。巨大的拱門、高聳入雲的宣禮塔、深藍色的穹頂、繁複細密的花紋、藍色的瓷磚拼鑲出不同的圖案，盛極一時的伊斯蘭文化，就在你的眼前閃耀，訴説昔日撒馬爾罕的興盛和奢華。如非親歷其境，根本無法體會那股懾人的氣勢。

廣場的西、北、東三面各有一座古老的經學院，分別建於不同時代，呈現不同的風格，是中世紀中亞建築的代表作。

靠左的是烏魯伯格經學院（Ulugbek Madrasah），建於十五世紀，承襲了帖木兒時代的奢華風格，是三座經學院中最早的建築，也是當時最好的穆斯林學府之一。烏魯伯格曾下令，建造一座學校，能為一百名學生提供住宿，而課程亦長達二十年。在烏魯伯格的統治時期，這裏是伊斯蘭的思想文化中心。學院的正門和穹頂，是用彩色瓷磚裝飾的，外牆有花卉圖案的馬賽克磚，也有多角星瓷磚的裝飾。經學院後來遭地震破壞，又重新修建了高十三米、直徑十三米

雷吉斯坦廣場

烏魯伯格經學院

的新穹頂。據說，烏魯伯格曾親自在此授課，並允許女子來聽課，可知其識見之卓越。

居中的是季里亞・卡利經學院（Tillya-Kari Madrasah），建於十七世紀。踏進院內，遊目四顧，藍、白、金三色在眼前浮動，仰頭一望，穹頂覆以厚厚的金箔，再嵌以幼若頭髮的金絲，閃閃發亮，燦爛奪目，果真名副其實，是一所「鑲金的」經學院。

右邊的是希爾・多爾經學院（Sher-Dor Madrasah），亦建於十七世紀，比「鑲金的」經學院略早，奢華程度亦稍遜。不過，它最特別的地方，就在正面拱門上端兩側的雕畫，以彩瓷拼鑲着兩隻威風凜凜、鬚牙畢露，看上去貌似猛虎的動物，實際上是獅子，背上是兩個象徵太陽的人臉，帶有日本浮世繪的味道。穆斯林原有不可描繪動物的禁忌，但中亞與波斯毗鄰，建築和藝術風格受波斯的影響，所以允許刻畫動物的畫面出現。

在雷吉斯坦廣場上，昔日經學院的房間，大都變成了藝術品和紀念品商店，出售的東西甚多，有傳統技法雕刻的木器、鐵器、銀器，古老印染和紡織

季里亞・卡利經學院

穹頂覆以厚厚的金箔

技術編織的地毯，還有陶器、瓷器，甚至衣服、披肩，以及不同款式的手工藝品。

來自西域的音樂

就在雷吉斯坦廣場內，我們走進院子裏的一所房子，觀賞了一場音樂表演，演奏者是當地一位著名的音樂家，他拿起不同的樂器，箏、笛、胡琴、馬頭琴、手鼓……即時演奏出不同的樂曲，烏茲別克的音樂有點接近波斯音樂。導遊沙琪一時興起，也拿起手鼓，跟他合奏一曲。我最愛笛子，如泣如訴如怨如慕，聽得我如痴如醉……

希爾・多爾經學院及拱門上端雕畫

烏茲別克的音樂和舞蹈都很著名，唐朝的「康國樂」、「安國樂」就來自撒馬爾罕和布哈拉。不過，中亞突厥化之後，烏茲別克的音樂較為接近波斯音樂。

在音樂方面，康國樂、安國樂都名聞天下，粟特的琵琶高手曹婆羅門、曹僧奴、曹妙達祖孫三代都擅長這項絕技，曾在西魏、北齊、隋三朝做官，而且都大紅大紫，其中曹妙達還被北齊後主封為郡王。

據《舊唐書．音樂志》記載，北周武帝於五六八年（天和三年）迎娶突厥女子為皇后，「於是龜茲、安國、康國之樂大聚長安。」康國樂傳入中原後，「康國伎」及樂舞亦同時東來。樂器有笛、正鼓、和鼓、銅鈸等四種。

西域音樂廣泛傳入中原地區，唐太宗在宮廷歡宴百官時，經常演奏《天竺樂》、《龜茲樂》、《安國樂》、《康國樂》等十部樂，可見其流行程度。

沙赫靜達陵墓羣

撒馬爾罕的陵墓特別多，除了著名的古里・埃米爾——帖木兒家族的墓地，位於市郊的沙赫靜達陵墓羣（Shahi-Zinda Mausoleums），同樣葬着許多皇室成員。

「沙赫靜達」意為「永生之王」，相傳在八世紀之初，伊斯蘭教創建者穆罕默德的堂弟庫薩姆來到撒馬爾罕，在傳教時被殺，傳說中的他，雙手捧着自己的頭顱步入古井，其殉難處從此成為聖地，信徒相信他已成為永生之王。陵墓自十四世紀起，便不斷擴建，歷代皇室多葬於此。

這片龐大陵墓羣，主要由十三座連綿林立的陵墓和一座清真寺組成，帖木兒的皇后圖瑪・阿卡和姪女圖爾坎・阿卡也葬在這裏。傳說圖爾坎・阿卡聰明美麗，深得帖木兒歡心，可惜十六歲就夭折了。帖木兒下令將她的陵墓建造得比其他的更為美觀，因此她的陵墓是最美麗的。

車子駛到山坡下，沿着寬大的石階拾級而上，便可以到達陵墓旁。建築的基調為藍色，墓的內外都有藍色花磚砌成圖案，典型的伊斯蘭風格。

陵墓夾道而立，排列在一條狹窄的通道兩側，陵墓大都壯觀華麗，有的飾以陶雕，有的鑲嵌着幾何、花草、銘文的圖案，有的繪上壁畫……穿梭於陵墓羣內，兩旁建築極具氣勢，恍如置身山丘上的小城，拱門、角亭、圓頂交錯，從色彩到造型都頗為多變。

行行重行行，大夥兒竟然走到了毗鄰的私人墓地去，墓碑上大多展示出離世者生前的巨型照片，大家邊走邊看，站在墓前看風景，欣賞不同的碑石設計。與此同時，墓中人也好像正在注視着我們，感覺彆扭而古怪，我們只好加快腳步離開此地。

造紙作坊的故事

接着的一站，是位於城郊的鄉村造紙作坊。也許，你會問，為甚麼不遠千里來到撒馬爾罕，卻跑到這裏來參觀造紙作坊？

眾所周知，造紙術本是中國四大發明之一。七五一年（唐玄宗天寶

沙赫靜達陵墓羣

沙赫靜達陵墓內貌

十年），安西節度使高仙芝領兵與阿拉伯聯隊交戰，唐軍大敗於怛羅斯，阿拉伯人在戰俘中發現了幾個從軍的造紙工匠，於是在撒馬爾罕設立了造紙廠，而中國的造紙術，亦從此向西傳播。

歲月變遷，古法造紙技術幾乎失傳，直至一九九八年，一位有心人用半年多的時間，採用傳統的造紙方法，用桑樹皮造出了「唐紙」，經營了這所造紙作坊，延續了古典的造紙技藝。造紙作坊從此成為了外國遊客必到之處，據說這裏曾接待過俄羅斯前總統梅德韋傑夫、烏茲別克斯坦總統卡里莫夫等要人。

盛名之下，一車復一車的旅客，被載到這裏來。由於遊人甚多，造紙作坊應接不暇，我們等候了接近一個小時，才可進入裏面參觀。在作坊內，我們看到了工匠如何將桑樹折枝，經過削皮浸泡、搗碎原料、煮成紙漿、過濾水分、撈出紙膜、木板壓紙、將水擠出、犀角壓平等連串工序，然後製成紙張的過程，觀賞到傳統的造紙工藝。作坊旁的小店，擺賣一些手工紙製成的卡片、年曆等紀念品，亦別具特色。

造紙作坊的佈置很有心思，景致甚佳，後院有小橋流水，既安裝了傳統的水車，供人觀賞；亦設有茶園座椅，供遊人坐下喝茶休息。在這座古城裏，竟然發現中國園林的影子，實在是意外的驚喜。

就在院子裏，我跟李娜攀談起來，原來她畢業於烏茲別克斯坦塔什干國立東方學院的中文系，曾在天津留學一年。她還告訴我，她老師的外號是「高山」，自己則喚作「流水」。想不到，這個年紀輕輕的烏茲別克美女，竟如此熱愛中國文化！

無處不在的帖木兒

我們在撒馬爾罕逗留了幾天，無論參觀甚麼古跡，帖木兒的精魂好像無處不在。

事實上，在烏茲別克，撒馬爾罕才是帖木兒真正的基地，他以此地為中心，發動戰爭，東征西討，不斷擴張勢力，一生未嘗敗績。他先征服小亞細亞，東察合台汗國、河中地區、花剌子模、美索不達米亞、高加索，以及大伊朗地區……在刀光劍影中，不但劫掠金銀珠寶，也俘虜能工巧匠，從印度、波斯和敍利亞抓來建築師、畫師，還有雕琢寶石，以及製造玻璃、磚瓦的工匠……將撒馬爾罕城建設成中亞乃至世界的奢華中心。有人說過，建築是帖木兒留給撒馬爾罕最寶貴的藝術遺產，確是的論。

帖木兒信的是伊斯蘭教，既重武，也重文教。據導遊李娜介紹，帖木兒不會讀書寫字，但卻懂得管理三十多個被征服的國家。他當政的時候，「縱使一個滿身穿戴黃金的女士走在街上，也沒有人會傷害她。」他將撒馬爾罕發展成伊斯蘭的學術中心，逐漸取代了巴格達的地位。

不過，從征服者到被征服，帖木兒建立的帝國其實也不長，從一三七零年開始立國，至一五零六年便滅亡。試想想，如果帖木兒沒有死在東征的途上，遇上明成祖朱棣，會擦出甚麼火花？也許，整個亞洲大陸的歷史會被改寫。

歷史不可能改寫，時代的洪流，只會不斷向前滾動，帖木兒帝國滅亡後，後人跑到其他地方去繼續發展，並建立帝國。十七世紀時建造泰姬陵的皇帝，正是帖木兒的子孫。

泰姬陵位於印度北方，是莫臥兒王朝第五代皇帝沙迦罕，為紀念其愛妃阿姬曼・芭奴而建的陵墓。這一座巨大的陵墓，以純白色大理石建築，並以玻璃、瑪瑙鑲嵌，具有極高的藝術價值，堪稱印度穆斯林藝術的瑰寶，有「印度明珠」的美譽。

儘管有人說，沙迦罕只是一個好大喜功的暴君，根本不是多情種子，但他肯定遺傳了帖木兒家族的基因，在建築方面，也擁有超乎常人的藝術品味。

伊斯蘭的棟樑——布哈拉（Bukhara）

布哈拉是位於烏茲別克中部的第三大城，流經此地的有阿姆河、錫爾河和澤拉夫尚河。布哈拉，梵文指修道院，約建於一世紀前，中國古籍中的不花剌、《新唐書》中的「戊地國」、唐代昭武九姓中的「安國」，指的都是布哈拉。

七五一年，唐軍敗於怛羅斯後，唐朝勢力逐漸退出此地，中國的疆域亦越不過天山，阿拉伯人帶來新的文化，伊斯蘭教從此成為中亞的信仰，佛教文化亦漸次淡出。至八七四年，粟特人建立薩曼王朝，布哈拉不單是國都，也成了聖地，從此擁有「伊斯蘭棟樑」的美譽。

一二二零年，布哈拉為成吉思汗所佔，到一三七零年落入帖木兒之手。在此之前布哈拉一直由喀喇汗王朝及契丹人所控制。

曾遭成吉思汗焚毀的布哈拉，浴火重生後，如今依然是中亞地區著名的古城之一。至十六世紀初期，烏茲別克人領袖昔班尼南下河中農業區，推翻帖木兒王朝，原定都於撒馬爾罕，一五六一年遷都至布哈拉，歷史上稱為布哈拉汗國。

布哈拉，又稱為「傳説之城」。阿拉伯的名著《天方夜譚》中一千零一夜的故事，取材自波斯和中亞地區的民間傳説，據説就發生在薩曼時期，大家耳熟能詳的「阿里巴巴與四十大盜」，故事則來自布哈拉的童話。

前往布哈拉，我們坐的是旅遊車，走的正是昔日的絲路，時至今日，新建的公路，已不再是風沙漫天的大漠，沿途所見，既有樹木，農田亦多，大部分的耕地種植的是棉花。

烏茲別克盛產「四金」，包括「黃金」、「白金」（即棉花）、「黑金」（即石油）和「藍金」（即天然氣），棉花年產量佔前蘇聯棉花產量的三分之二，居世界第四位，故有「四金之國」之稱。

車程長達四、五小時，途中旅遊車停下來加油，加油站大排「長龍」，大夥兒都紛紛下車「放風」，舒展一下筋骨。當地的婦女都很友善，穿上亮麗裙子、鑲滿金牙的大媽，都走過來跟我們拍照留念。

大清早從撒馬爾罕出發，到達布哈拉時已接近下午一時。午飯後，便進入舊城區，開展古城之旅。泥黃色的街道，雖然沒有撒馬爾罕漂亮，卻更有古意，漫步其中，可發思古之幽情。

有人說過，撒馬爾罕是藍色的；布哈拉是黃色的，信焉！

阿凡提銅像與蘇菲教派

想不到，在布哈拉古城，最先看到的，竟然是阿凡提（Afanti）的銅像。這個傳奇的人物，形象早就深入民心——頭戴花帽，背朝前臉朝後倒騎着一頭小毛驢。眼前這個銅像，已被摸得閃閃發亮，造型倒有點不同，他騎着驢子，右手按着左胸，左手舉起，做出蘭花手似的姿勢，古怪的模樣，真逗趣。

小時候聽過不少新疆民間傳説、幽默故事，總以為阿凡提是新疆人。據當地人説，阿凡提在十三世紀時，出生在布哈拉（也有一説是土耳其）。他的故事長時期以民間口頭形式，在不同的地區流傳，其中包括土耳其、中東、巴爾幹半島、高加索、中亞和中國新疆。在維吾爾族人中，更是家傳戶曉。

「阿凡提」是尊稱，在突厥語中，指的是老師、有知識的人，而不是名字。他的本名作納斯爾丁（Nasruddin），是當時的詩人，是智慧的象徵，也是歡樂的化身，他經常嘲笑那些假仁假義的偽

阿凡提的銅像

善者、投機的商人、受賄的法官……他的口才非常了得，常為低下階層的老百姓排難解紛，所以很受市民大眾歡迎。

有人說：「絲路有多長，阿凡提的故事就有多長。」在金庸的武俠小說《書劍恩仇錄》中，亦有一小段內容，是講述陳家洛到了回部，遇到了阿凡提的情節。聯合國教科文組織，曾將一九九六年定為納斯爾丁年，以示對伊斯蘭的重視。

中亞的穆斯林多是伊斯蘭教遜尼派的教徒，但真正有重大影響力的，卻是蘇菲教派（Sufism），蘇菲教派亦稱蘇菲神秘主義，崇尚與真主直接交流，主張透過個人的親身體驗來感受真理，認為現實世界和人生猶如短暫的旅途，故應從心靈中摒棄浮利和私慾，使靈魂得到磨練，其注重自修的精神，廣受教徒的歡迎。

蘇菲教派多以故事的方式闡述其教義。阿凡提的故事常富有深意，類似中國禪宗的公案，因此蘇菲派經常使用阿凡提在故事創造出來的形象，用以宣揚教義。隨着阿凡提的足跡，蘇菲教派勸人與善的精神，也傳遍世界。

中亞的露天博物館

現時的烏茲別克人，大多信奉伊斯蘭教。在阿拉伯人引入伊斯蘭教之前，中亞的主要信仰是崇拜自然的薩滿教，以及來自波斯的祆教，時至今日，在布哈拉很多的建築上，仍留着祆教的影子。布哈拉是東西文化交流的要津，源於印度的佛教，也曾經此地傳入中國的，摩尼教、景教（即基督教）亦曾流行於此。

穿過曲折的里巷，走過凹凸不平的路面，我們鑽進了古城的猶太區，參觀了一所猶太社區中心和會堂。猶太人曾是布哈拉最獨特的民族，早在十二、三世紀時，來自中東的猶太人就定居於此，他們擁有自己的獨特文化，還有自己的語言 Bukhori，這種語言與波斯語有聯繫，但用的卻是希伯來字母。至今，住在這裏的猶太人，仍在說這種語言。不過，蘇聯解體後，大部分猶太人已移居，遷回故鄉以色列。

猶太會堂頗為古舊，內部的陳設有點破落，四周的牆壁上，掛滿極富民族色彩的布哈拉地毯，顏色仍異常艷麗，卻散發着一種蒼涼的感覺。

布哈拉號稱中亞的露天博物館，伊斯蘭教建築隨處可見。

從猶太古廟走出來，在古城附近轉來轉去，走到了一間外形古樸的清真寺，以泥黃色的土磚砌建而成，眼前這座古舊的建築，原來這就是馬高基・阿塔里清真寺（Magoki-Attari Mosque），是布哈拉最古老的清真寺。

「馬高基」有洞穴之意。在二十世紀三十年代，考古學家在地下發現了寺廟的一部分。

五世紀左右，此處原本是祆教寺院，阿拉伯人征服中亞後，阿拔斯王朝在九世紀時，將之改建成清真寺；十三世紀時，被布哈拉的百姓以沙泥覆蓋，埋在地底，避過蒙古戰火的摧殘，躲過了成吉思汗的破壞；至十六世紀昔班尼王朝時，把它發掘出來，經修復後，這所清真寺又被

馬高基・阿塔里清真寺

猶太人在晚上用作猶太會堂。於此可見，博大寬容的精神，曾是布哈拉的核心價值。

現時的清真寺，已改為地毯博物館。我入內逛了一圈，歷盡滄桑的磚瓦台階，被鋪上鮮艷的厚織地毯，誰料到，超過千年的古跡，竟成為展示地毯的地方。不過，根據工作人員的指示，爬上清真寺內部的樓梯，可以看到祆教的遺跡。

清涼無比的水池廣場

老城的街道，十分狹窄破舊，像迷宮一樣。走到了水池廣場（Lyabi Hauz Complex），四周馬上豁然開朗，Lyabi Hauz 解作「水池之邊」，石砌的方形水池，原來是中古時代布哈拉的一個最大的儲水庫，池邊有石階，可讓工人步入汲水。

在前蘇聯時期，布哈拉有二百多個水池，以渠道相連，是市內的供水系統，現時只餘兩個，這個位於老城的中心，也是遊人最多的地方。

水池旁邊植有垂柳，亦種有幾株古老的桑樹，四周設有傳統茶座。水池水珠瀰漫、水花四濺，令攝氏三十多度的高溫稍減。雖然已是九月，布哈拉白天的陽光仍非常猛烈，在既乾且熱的天氣下，與這個水池擦身而過，恍如醍醐灌頂，感覺無比清涼。走到水池的另一旁，屹立着一棵姿態奇特的桑樹，驟眼看來，好像已經枯死了，傳說這棵桑樹生於一四七七年，是中國明朝時期的老樹，但春天時還抽枝發芽。五百多年歲了，生命力相當強！

這裏是旅遊區，左右道上攤販林立，工藝品攤子隨處可見，琳瑯滿目，甚麼都有。如同塔什干、撒馬爾罕一樣，昔日清真寺、經學院都變成了商店——陶瓷、木器、銀器、地毯、細密畫，少不了的是衣服、絲巾、披肩、帽子……還有絲織、棉紡的布疋，任君選擇，圖案極富民族色彩，漂亮得要命，教人愛不釋手。我受不住誘惑，也買了一塊棉布，預備做一件外衣。

水池四周

水池周邊的桑樹

布哈拉人最擅長手工藝製作，除精美的地毯、絲織品外，金銀製造的首飾也相當漂亮。他們長年累月居於沙漠之中，慣見的是火紅的太陽，絲織品中多以亮麗的紅色和黃色為主，就像太陽和沙漠。

「舞急轉如風」的胡旋舞

黃昏時，我們回到阿凡提銅像前集合，然後到著名的納迪爾經學院（Nadir Divan-Begi Madrasah）去，觀賞了一場烏茲別克的傳統民族歌舞和時裝表演。

經學院位於大水池西面，為十七世紀時，布哈拉汗王的叔父納迪爾所建，原是一幢商隊旅舍，後來納迪爾聽從蘇菲教長的建議，將它改建成經學院。

在經學院正面拱門上也有一對鳥兒展翅的圖案，人面的兩側是太陽，令人想起了雷吉斯坦廣場上的「獅子」經學院，違反了伊斯蘭的教

納迪爾經學院

規，是少數有動物形體裝飾的伊斯蘭建築。

大門上的鳥兒，有人認為是鳳凰，有人卻指出，這是隻吉祥的「青鳥」。據祆教經典《阿維斯陀》的記載，一隻名為「西穆」的神獸，外形如老鷹，棲息在宇宙大海的「生命樹」上，被視為天地間的使者，能淨化土地、醫治疾病，也能帶來富饒，同時，牠也是一隻捍衛正義的先知鳥。後來，隨着波斯文化的擴散，這個神話也流傳到中亞，烏茲別克人稱之為「呼麼」——象徵幸福、快樂與正義的青鳥。

步進經學院，只見院落之中，擺放着十幾張茶座，呈半月形，中央是表演場地，鋪上地毯，樂師已就座，穿上黑衣的歌手站在樂師前面，看來我們是最後一批入座的旅客，場中早已坐滿了其他外國遊客，他們大多邊吃晚餐，邊看表演。我們的座椅雖然偏離表演中心，但一邊喝茶、一邊欣賞歌舞，倒也別有風味！

烏茲別克的舞蹈跟音樂也同樣著名，唐朝流行的西域舞蹈，甚麼「胡旋舞」、「柘枝舞」呀，也來自塔什干、撒馬爾罕和布哈拉一帶。

這場表演非常精彩，舞蹈員穿上傳統的衣飾，披上長長的頭巾，舞衣華麗奪目，舞者婀娜多姿。所謂「舞急轉如風」，急旋如風的舞姿，配合節奏明快的音樂，正如白居易的《胡旋女》云：「弦鼓一聲雙袖舉，回雪飄搖轉蓬舞。左旋右轉不知疲，千匝萬周無已時。」舞者來回旋轉，轉啊轉啊，不知疲倦，倒看得我眼花繚亂。

奇怪的是，一場復一場的歌舞間，又穿插了不同的時裝「秀」，模特兒身材高眺，臉孔標緻，身被帶有時尚風味的傳統服裝，也許這是傳統與現代的結合！

薩曼尼陵墓——布哈拉的奇跡

清晨的古城，早已是艷陽天，蔚藍色的天空，萬里無雲，我們就在晴朗的一天出發，去尋覓布哈拉的傳說和古跡。

布哈拉是薩曼王朝的首都，王朝崛起於九世紀，統治河中地區至十世紀，曾盛極一時。王朝由波斯人建立，開國者原是祆教的貴族，後來才改信伊斯蘭教。

薩曼尼陵墓（Samanid Mausoleum）座落在城西的薩曼尼公園內，建於九零五年，原是薩曼王朝的伊斯梅爾・薩曼尼為紀念其父親而建造的，其後卻成了家族墓園。

沿着公園大門而入，經過一列列的花草樹木，陵墓就出現眼前。陵墓的外形非常古樸，是個立方體的建築，上方中央覆有一個半圓型穹頂，四角環襯着球狀小圓頂，方柱穹頂的造型，是布哈拉少見的祆教建築物。立方體代表地球，大圓頂象徵天空，二者結合，象徵宇宙的和諧統一。

陵墓以土黃色的土磚砌成，牆壁用拼磚裝飾，鑲嵌有浮雕狀的圖案，精巧別致。每天因日照的角度不同，隨着陽光的照射，陵墓上會呈現色差陰影，土磚的色彩也會隨之改變，令整個建築物會變得更美麗。陵墓內的牆和角落，都有小弧形支撐八角形的圓頂，而外牆的每一面，亦開了十個小窗，可讓光線照進來。

據説，造磚的泥漿是用駱駝奶調製而成，堅固無比。陵墓四周各有一門，拱門四周有一排圓環裝飾，恍如一串珍珠，稱為「薩曼尼珍珠」，代表人與宇宙的延續，是當時波斯和中亞地區流行的裝飾。陵墓融合了古老的祆教和蘇菲教派的神秘氣息，是中亞中世紀保存得最好的土磚建築，被視為經典傑作。

在乾旱的沙漠中，磚砌的陵墓經年不變，相傳蒙古大軍攻陷布哈拉之前，當地居民為了保護陵墓，用泥土將之掩蓋，埋成一座小山丘，因而避過戰火的摧殘，而且保存得相當完整，可説是布哈拉的奇跡。

沙琪説，繞着陵墓走三圈就會帶來幸運，於是大夥兒入鄉隨俗，人人都繞圈去也。

約伯之泉與瀕臨消失的鹹海

在薩曼尼陵墓附近，有另一座古跡 Chashma-Ayub 陵，背後的傳説與舊約聖經故事有關，據説先知約伯（Job，即 Ayub）曾來到布哈拉，當時正值旱災，約伯以手杖敲擊地面，湧出一道清泉，泉水水質純淨甘美，能治百病。後人就在旁邊蓋了這座 Ayub 陵，以紀念約伯的事跡，也彰顯聖泉的貢獻。

Chashma-Ayub 陵外型奇特，是個一個複合式的建築，有圓鼓柱狀的屋頂，在布哈拉並不多見。入口的銘文説明這是帖木兒時代的建築，卻具有花剌子模的建築特色，也許，工匠是來自花剌子模的。

陵墓內有一個展覽室，有圖表標示了古井的位置，介紹了布哈拉現存二十間「浴室」的所在地，還展出少量的文物。

最教人震驚的是一系列的圖片，顯示出鹹海從一九六零、一九七零、一九九零、二零零零，以至二零零八年逐漸萎縮的過程。

鹹海位於哈薩克和烏茲別克兩國之間，它的水源主要來自帕米爾高原的阿姆河及天山的錫爾河。在全盛時代，鹹海曾是世界第四大湖，面積約為六萬八千平方公里，幾乎相當於斯里蘭卡的國土面積，豐富的水源為當地帶來了農業和漁業的發展。

薩曼尼陵墓

Chashma-Ayub 陵

在上世紀六十年代開始，前蘇聯在中亞大力發展棉業，供應全國棉花。由於種植棉花，耗水量甚大，故此要大規模開發阿姆河和錫爾河的灌溉系統，修築運河，將沙漠變成棉田。這正是導致鹹海日漸乾涸，面積愈縮愈小的原因。

鹹海是一個內陸湖泊，當兩河注入的水量急劇下降之時，鹹海的水位也急劇下降，隨着水位不斷下降，鹹海的面積不斷地萎縮。在八十年代，鹹海的存水量急劇下降，於一九八七年分成了南大和北小的兩個小湖；到一九九三年，蓄水量減又少了四分之三，面積縮小了一半；至二零零七年，鹹海已分裂為四個湖；二零一四年，鹹海大部分乾涸；據預計，到二零二零年，鹹海將完全消失。

水位的下降，導致水的鹽分上升，魚類消失，漁民只好另覓生計，漁船亦隨之消失。鹹海生態慘遭破壞，令人觸目驚心。

鹹海萎縮的同時，降雨量亦少了，乾旱愈來愈嚴重。位於湖畔的城市首當其衝，氣溫急劇變化，冬天極寒，夏天酷熱。目前，多國展開了拯救鹹海的計劃，有九十多個國家參與，中國亦是其中之一。

水池之上的清真寺

接着，我們步行前往 Bolo-Hauz 清真寺。Hauz 是水池，**Bolo-Hauz** 是指水池之上。這個清真寺最早時是薩曼王朝的建築，而且也融入了祆教的風格，它沒薩曼尼陵墓般幸運，後來毀在蒙古人的手裏。

聽說清真寺於一七一八年重建，成了布哈拉汗國可汗祭神的地方。清真寺門前長廊內聳立着二十根木柱，每根木柱都是由兩棵樹幹嵌接而成的，柱上刻有漂亮的花紋。驟眼看來，有點像伊朗伊斯法罕的「四十柱殿」。

清真寺門前長廊內聳立着二十根木柱

「四十柱殿」位於薩法威王朝的皇家園林內，殿外的大廳有二十根松木雕柱子，與殿前長方形水池中清晰的倒影渾然一體，實物與倒影加起來，就形成了四十柱。

眼前這所清真寺，前面不遠處亦有圓形水池，池水雖然有點混濁，但池中倒影亦隱約可見，柱影二十根，與長廊的二十根木柱合起來，就成為「四十柱清真寺」。

清真寺正在維修中，不對外開放，但沙琪很有辦法，帶着我們繞到後面大門，走進裏面，可一睹維修的情況，親眼看到工匠以不同的顏料，小心翼翼地描繪壁上的花紋，是難得的經歷。

破落的雅克城堡

離 Bolo-Hauz 不遠，走過馬路，便是壯觀的城中城——雅克城堡（Ark）。從古到今，城堡幾經毀壞和重建，現在已變成一座高達十八米的高崗，外邊由層層的城牆所圍。城牆高十一米，寬四米，牆上還留有齒狀射孔。

雅克城堡是歷代布哈拉汗王生活的地方，內有宮殿、清真寺、監獄、倉庫、手工作坊、馬廄、武器庫、造幣廠、交易市場、醫院和藥店等，但保留下來的建築不多。城的正門朝西，門外是大校場，稱為雷吉斯坦廣場，布哈拉的汗王經常站在城門上觀看盛大的慶典、閱兵，甚至是監察行刑的情況；周邊的廣場則是熱鬧的市集和奴隸交易市場，但今天的雷吉斯坦廣場已成了集會慶典的場所。

一九二零年，與蘇聯的紅軍交戰時，城堡的東、南、北部城牆及大部分建築，特別是木製框架部分，基本已被毀壞。烏茲別克獨立後，政府修復了城堡南部的城牆及一些殘存的建築。

城堡的大門是留存下的建築之一，兩側豎立粗壯塔型圓柱，中間為拱型的入口。我們沿着坡道走上城堡，還可以感受到當年的氣勢。坡道的一側設有囚室，走過絲路不交稅的人，都被囚禁在此，現時室中安放蠟像，展示昔日的情況。

入口坡道的頂端，有一座殘舊的星期五清真寺，內有木刻廊柱，古意盎然。附近有首相的官邸，現為考古博物館和自然博物館。在城中轉來轉去，可以看到接待和加冕堂、金庫、露天的皇家馬廄、迎賓廳……全都顯露出日久失修的樣子。難怪布哈拉汗國最後兩位「埃米爾」(Emir)，都情願住進夏宮去。

走上城堡之頂，遠眺四周，只見城堡外有大片平地，陽光猛烈，可以想像昔日駱駝商隊走絲路的艱辛。如今，駱駝商隊已不復見，周圍卻有不少的商販。

英國作家彼得・霍普柯克在《大遊戲》一書，開始時的場景這樣描述：「一八四二年六月的一個清晨，城堡前的廣場上，兩個英國軍人被押到這裏處決。」

當時，布哈拉汗國與世隔絕，汗王對外面世界的發展既不了解，亦不關心。在一八六八年，大英帝國以東印度公司為基地，為防止俄國經中亞和阿富汗南下入侵印度，與沙俄進行了長期的明爭暗鬥，歷史上稱為「大遊戲」。當時的布哈拉是雙方爭取的一個重要戰略地。那兩個英國軍人便是東印度公司派往中亞的私人信使，爭取與布哈拉聯盟，從而阻止沙俄南侵。汗王最痛恨別人打探國家的軍

雅克城堡

雅克城堡外

情，於是下令將他們斬首示眾。

離開城堡後，經過外面的大廣場，看見樹下繫着一隻供人拍照的駱駝，在烈日下暴曬，怪可憐的模樣，實在令人感到黯然。

古老的烏魯伯格經學院

午飯後，途經剪刀店，店主是個老爺爺，眼見他手製的鸛鶴形剪刀，造型生動傳神，好別致！那豈止是剪刀，簡直就是藝術品了，二十美元一把，差點讓我無法抗拒……

順着綿延不斷的市場走出去，烏魯伯格經學院在望。「學者君王」烏魯伯格甚為注重文教，曾下令建造三所經學院，這裏是第一所，建於一四一七年，與撒馬爾罕的烏魯伯格經學院相比，看起來較小，但也別具特色。

大廣場樹下供人拍照的駱駝

經學院的內部已殘破不堪，亟待維修。裏面除了空房子之外，還有一間小型博物館，展出一些老照片。

至今仍為人津津樂道的，是烏魯伯格在經學院大門上寫的「金句」：「Pursuit of knowledge is the duty of each follower of Islam, man and woman.」（對知識的追求是每一位穆斯林的責任）。

據說還有一句名言刻在門上：「Let the doors of God's blessing will open over a circle of peoples, versed in the book wisdom.」（讓上帝祝福之門，開放給一羣精研書籍智慧的人民）。可惜這句名言在十六世紀維修時，不知何故消失了。

烏魯伯格不愧為當時著名的學者，集詩人、科學家和哲學家於一身，其識見之博大、胸襟之寬廣，實在令人佩服不已。

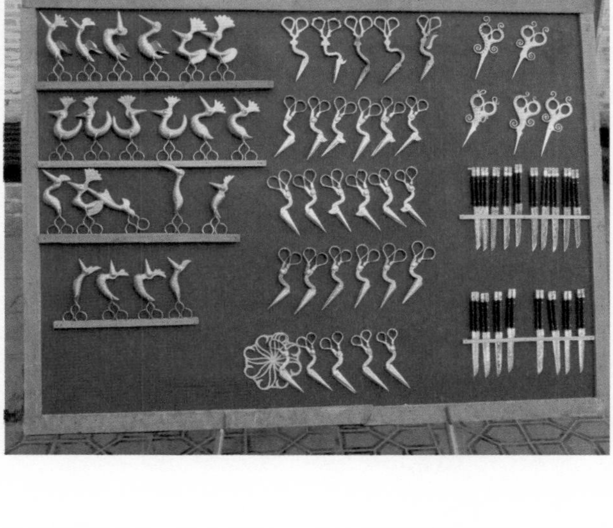

鸛鶴形剪刀

波依卡揚廣場

人在布哈拉，哪能不去宏偉的波依卡揚廣場（Poi Kalyan Complex）?離開充滿智慧的經學院後，大夥兒朝着目標進發。

烈日當空，走在路上，大夥兒都倦得要命，沙琪看見眾人懨懨欲睡的樣子，便領着我們走進一個古建築，暫避似火的驕陽，稍為歇息。在裏面，我們經過一間售賣茶葉的攤檔，每人喝了一杯由七種茶葉泡製而成的清茶，不單消暑，而且精神為之一振，接着便抖擻精神，繼續上路。

沿着狹窄蜿蜒的里弄，我們終於走進了著名的波依卡揚廣場——古代絲路商隊必到之地。

波依卡揚有「偉大」之意，廣場有三座建築，包括居中的卡揚宣禮塔、右邊的卡揚清真寺，以及左邊的米里・阿拉布經學院。

死亡之塔——卡揚宣禮塔

廣場中最觸目的，要數卡揚古塔。

十三世紀時，除了埋於地下的薩曼尼陵墓和馬高基清真寺，只有卡揚宣禮塔（Kalyan Minaret），目睹了布哈拉古城毀於蒙古的鐵騎下，而且躲過了這場浩劫。

這座高達四十六公尺的古塔，是布哈拉最高的建築物，也是沙漠遊牧者的地標。此塔曾多次修建，最初可追溯到九一九年，當時可能因工匠沒有考慮到地基下面是軟土，因而倒塌，至一一二七年重建，建築受波斯風格影響，塔身以土黃色的陶磚砌建而成，幾何形的磚雕精緻玲瓏，花紋甚美。垂直的塔身有十二道不同花紋的雕飾帶，塔頂是一座十六孔的燈樓，非常漂亮。

宣禮塔是伊斯蘭清真寺附近常見的建築，亦稱喚拜樓，它的用途多樣化，在宗教上可作廣播之用，叫喚信徒；亦可作為燈塔，指引沙漠中的駱駝商隊；在戰爭的年代，可作為戰士的瞭望台；甚或可作刑場之用——此塔被稱為偉大的塔（Big Tower），又被稱為死亡之塔，法官判刑後，可下令將犯人從塔頂丟下來。

偉大建築的背後，總會流傳很多的傳奇故事。據說，成吉思汗攻陷布哈拉，並放火焚城。當他來到這裏，仰望宣禮塔時，帽子掉在地上，他彎腰撿拾帽子的時候，也訝然驚歎：「這座宏偉的高塔，值得我致敬。」下令不得毀壞此塔，於是宣禮塔才能保存至今。可見在「偉大」的腳下，成吉思汗也不得不低頭！

塔內有迴旋石階一百零五級，登上塔頂，可以俯瞰整個布哈拉古城。不過，古塔正在維修，我們未能爬上去。

卡揚宣禮塔

米里・阿拉布經學院

站在廣場上，米里・阿拉布經學院（Miri-Arab Madrasah）巨大的藍色穹頂，在驕陽下份外耀目。

經學院是十六世紀時昔班尼汗王為他的伊斯蘭老師米里・阿拉布所建，他是布哈拉穆斯林的領袖人物。跟傳統的經學院一樣，入口是高大的拱門，兩側為二層高的研經室。據資料介紹，經學院內有教室和研究室，供伊斯蘭僧侶使用，其中研究室數目為一百一十四個，與《古蘭經》章數相同。

全盛時期的布哈拉，曾有百多所經學院，前蘇聯時期，下令關閉所有的經學院，只允許這所經學院繼續進行學術活動，至今從未停止過。經學院目前還在使用，但禁止入內參觀，我們只能隔着門廳內的花格窗櫺，看看正方形的庭院，感受一下裏面嚴肅靜謐的氣氛。

從塔什干、撒馬爾罕到布哈拉，一路以來已參觀過不少經學院，大

米里・阿拉布經學院

多已變成手工藝品店、餐廳，甚至表演場地。如今看到的這一所，竟然還繼續發揮原有的功能，實在非常難得。

卡揚清真寺

卡揚清真寺（Kalyan Mosque）就在經學院的對面。這座清真寺最初由喀喇汗王朝興建，被成吉思汗燒毀後，於十六世紀重建，是中亞第二大的清真寺，可同時容納近一萬人做禮拜。

卡揚清真寺一如其他的清真寺一樣，用藍磚建砌，外面鑲嵌着馬賽克，風格低調而華麗。清真寺仍在運作，可惜不對外開放。我靜靜步入清真寺的大門口，從遠處向內觀望，只見四方形的中央庭院前方，有一座八角亭宣禮台，圍繞庭院的迴廊，仿似沒有盡頭……四周一片寂靜，空無一人。我悄然退下，重回喧鬧的廣場。

外面的世界熾熱得讓人窒息，陽光灑在廣場上面，白花花的無比刺

卡揚清真寺

八角亭宣禮台

眼。在清真寺門外的陰影中，有一個老伯伯擺賣木器——簡陋的木梳、壓印食品花紋的木製品，旁邊的鐵架上，還掛着幾十頂蘇式帽子……

原來他已九十多歲，精神相當不錯。團友紛紛走上前去，簇擁着他，購物的購物；拍照的拍照。眼看合照的人愈來愈多，老伯伯乾脆穿上軍服外衣，胸前掛滿獎章，看起來非常神氣，說不定他真是二次大戰時出生入死的老兵哩！

逛「巴札」——中亞的市集

這天的行程非常緊湊，一路走來，參觀了不少的古跡，天氣酷熱，累得我們差點中暑，下午四時許，回酒店稍事休息後。一行十多人，便追隨着李娜，前往本地的巴札，繼續漫遊。

巴札（Bazaar），是波斯語，即是市集，當地人多來此購買食物和家用雜貨。巴札就好像本地的文化博物館，在這裏，亦可以讀出城市不一

布哈拉的巴札

樣的故事。

記得在撒馬爾罕時，曾到過當地的大巴札——Siab 去。這個市集很大，就在比比哈藍清真寺附近。進門不遠處的左邊，就是最古老的部分，以木雕樑柱支撐的天篷已有二百年歷史。這裏出售各式各樣的「饟」——中亞人的主食，還有冰糖、米麥、雜豆、乾果、香料……

我最感興趣的是擺放在攤檔上出售的冰糖，跟我們在香港看到的碎冰糖不一樣，完整的一大塊，淡黃半透明的結晶。據《舊唐書》記載，長袖善舞的粟特人，「生子必以石蜜納口中……欲其成長口常甘言」，石蜜，也就是冰糖，以冰糖餵兒子，期望他們長大後甜言蜜語，成為精明的生意人。

在市集中逛來逛去，穿插其間，堆積如山的辣椒、蕃茄、石榴、蜜瓜、葡萄……，隨處可見。附近的中、小型店舖亦多，賣的多是帽子、圍巾、椅墊、手袋，以及顏色鮮艷的民族服飾……

撒馬爾罕大巴札

此刻在布哈拉，這裏的巴札跟其他的巴札差不多，賣的東西也近似，大部分是乾貨，有米麥、雜豆、乾果，也有香料、乳酪等。不過，可能來的時候較晚，顧客、遊人比較少。巴札附近還有商店，售賣本地人的日用品，包括衣服、鞋襪、地毯、椅墊、布匹、圍巾，亦有飲品、糕餅、麵包之類的食品。

意猶未盡，我們走進附近的菜市場溜達，瓜果蔬菜種類繁多，令人目不暇給。最誘人的是水果——西瓜、蜜瓜、葡萄、青李子、石榴……。紅彤彤的石榴是布哈拉的特產，顆粒特大，香甜可口。中國的石榴就是從中亞傳來的，古稱「安石榴」。「安」是指布哈拉（古稱安國），「石」指塔什干（古稱石國）。

大家沒買石榴，反而被地攤上的無花果所吸引，小販還即場示範新鮮無花果的吃法。他教我們先將無花果掰開兩邊，確定沒有蟲，再把兩半互相擠壓，讓甜味散發，吃起來會更清甜。一問之下，無花果的價格，比香港便宜得多，可謂價廉物美，我們立刻買了幾斤，預備帶回去請大家吃。

撒馬爾罕大巴札內的攤子

攤檔販賣的乾果

走回酒店的路上，我們看到了布哈拉的落日，美得教人忍不住停下步來。「大漠孤煙直，長河落日圓」——如血的殘陽，彷彿在訴説着古城一個個的故事。

墓園與夏宮

漫步於布哈拉古城，有如時光倒流，好像回到了天方夜譚的時代，迷人的中世紀風情，在四周瀰漫。

午夜夢迴，仿似聽到了「芝麻開門」的聲音……

清晨醒來，又是火熱的一天，陽光在窗外燃燒着。我們往市郊跑，來到巴維丁村，參觀伊斯蘭教蘇菲派納格什班迪耶教團的創始人——巴哈丁的墓園（Baha ad-Din Naqshband Necropolis）。

十四世紀時，聖徒巴哈丁曾在布哈拉創立了蘇菲派教團。該教團屬於蘇菲正統教派，在當時的上層社會很有號召力。巴哈丁主張沉默地深自內省，反對狂熱的儀式；宣傳溫和與謙遜，譴責貪權謀利，認為蘇菲主義者不應佔有土地和奴隸。

墓園歷史悠久，已有五個世紀，園中的庭院，呈長方形，內有巴哈丁陵墓，四周圍以木刻廊柱。墓園佔地甚廣，其內建有清真寺，供教徒作崇拜之用，亦有宣禮塔，以及方型大水池，園內植有不少果樹，還有梧桐和柳樹，環境清幽寂靜。附近另有墓園，當時崇拜聖徒的風氣甚為興盛，有權勢的家族都把墳墓安排在聖墓旁邊，渴望最後審判來臨時，能與聖徒一起進入樂園。

現在已是九月的中下旬，布哈拉仍很炎熱，可想而知，此地的夏天會多酷熱，人們通常會在屋子裏開天窗通風，也會在庭院種植大量的樹木，以消暑散熱。歷代的統治者，大都會在城外興建夏宮避暑。

夏宮（Sitorai Mohi Hosa Palace）位於布哈拉北面的市郊，就在巴哈

巴哈丁的陵墓

丁墓園附近，是布哈拉末代皇帝 Emir Alim-khan 的避暑行宮。

夏宮名為「Sitorai Mohi Hosa」，意指「星星遇上月亮」。夏宮的建造，分為兩個階段，舊宮為 Alim-khan 的父王所建，他曾派名師往俄羅斯學習俄式建築，宮殿糅合了布哈拉與歐洲的風格，工藝精湛，被稱為夏宮的「珍珠」。

新宮則由末代皇帝建造，建築風格非常歐化。除宮殿外，還有一個很大的園子，內有噴泉、池塘、涼亭。入口處有大型的拱門，飾以馬賽克，色彩繽紛；園子內有畫廊，亦種有不同的花卉；至於面向水池的「白宮」則是純粹布哈拉式的建築。

如今，這裏已改為博物館，於一九二七年開放，展品亦可一看，其中有十四至二十世紀以來中國和日本的瓷器、十九至二十世紀的宮廷家具，以及大師級的首飾，還有近代老百姓的衣飾，包括服裝、皮帶、圍巾和鞋子……式式俱備。

據說，末代皇帝有四個妻子、四十個妃子。這位君主愛坐在宮殿的樓上，觀賞宮女戲水池中，看中某個宮女後，即拋出蘋果，被擲中的宮女，在晚上就可伴寢。

另外，還有一個有趣的傳説，是有關選址的，在建宮之前，皇帝聽從一位老者的建議，將新宰的羊肉懸掛在布哈拉城的四個方向。一段時間後，掛在其他幾個方向的羊肉都已腐爛，只有掛在城北的羊肉新鮮如故，皇帝認為此地空氣更加清新，於是選擇城北作為建宮之地。

一九二零年，蘇聯大軍殺入布哈拉，末代王孫倉惶辭廟。時至今日，夏宮已成旅遊景點，雖然比較殘破，但昔日的「餘輝」猶在。在佈滿藤蔓的走廊裏，有畫師在繪畫並擺賣細密畫，有些房子亦變作售賣工藝品的商店。

舊時皇宮，已化作尋常百姓家矣！

黃昏的布哈拉

在布哈拉的行程，終於來到了尾聲。下車後，遠遠便看見在太陽下閃閃發亮的湖水綠圓頂。

Chor-Minor 指的是「四個宣禮塔」，Chor-Minor 經學院的造型非常奇特，有四個宣禮塔分別建在四個角落，塔的圓頂鋪上湖水綠瓷磚，從遠處看來，就像四朵花蕊。這所「非一般」的經學院，建於一八零七年，經學院一般分為兩層，但這裏只有一層教室。

這座建築的中央是個圓穹，周邊四角就圍以四個圓頂的宣禮塔。其中有三個塔用作教室，最後一個塔則有梯子通往二樓及圓頂的圖書館。

當年，一個經常往來印度的布哈拉富商，被泰姬陵所吸引，於是大灑金錢，建築了這個充滿印度風味的建築羣，由庭院、水池、清真寺和四個宣禮塔組成，四個塔則代表了布哈拉四個不同的朝代。

事實上，原先的經學院已湮沒了，眼前的宣禮塔，只是通往經學院的門房

Chor-Minor 經學院

而已。跟其他經學院一樣，此處亦淪為售賣工藝品的商店。每人付出二千 Som（本地貨幣索姆），便可沿着梯子登上圓穹上的天台，遠眺四周的景色。

接着，我們來到庫克爾達什（Kukeldash）經學院。這所經學院建於一五六九年，是當時布哈拉最大的經學院，內有超過一百三十間研究室，學生曾有三百多人，象徵着國勢的強盛。經學院的大門外面鑲嵌着馬賽克，裏面的壁畫已褪色，顯得殘破不堪，現正進行維修工程。

布哈拉意指「修道院」，固然有許多經學院，據說布哈拉的經學院曾多達一百一十三所。沿途參觀的經學院實在不少，這是最後的一所，亦是最大的一所。

正是來也匆匆，別也匆匆，離開這所經學院時已近黃昏，夕陽斜暉下，土黃色的老城呈現出濃郁的金黃色，經學院外牆的藍色瓷磚顯得古樸莊嚴。想不到，布哈拉的行程，竟於此結束。

站在異鄉的一隅，四周盡是歷史留下來的遺跡，古老的布哈拉看來是那麼的遠，仿似遙不可及，又像近在咫尺，伸手可觸。

庫克爾達什經學院

重回塔什干

晚上，從布哈拉乘內陸機飛回到塔什干。第二天早上，第一個所到處，不是甚麼景點，竟然是烏茲別克的中國大使館，因為有朋友在布哈拉的酒店內，遇上一場小意外，護照的邊緣燒焦了一點，故此要到大使館查詢，看看護照是否可以繼續使用，以策安全。

難得來到使館區，大家都把握機會，在四周逛逛。跟其他的國家一樣，使館區寧靜整潔。在這條街道上，各國使館林立，從外面看起來，許多國家的大使館都很漂亮，尤其是土耳其大使館。不過，這裏的氣氛比較緊張，守衛森嚴，多個大使館的門外，都見到持槍的軍人，我們都不敢輕舉妄動。

等候了接近一個小時，朋友終於步出使館，得知他的護照沒有問題後，大家都鬆了一口氣。

為了不被忘卻的紀念

在歡呼聲中，車子往下一站 Shakhidlar Hotirasi Memorial Complex 進發。Shakhidlar Hotirasi 是烏茲別克語，意為「紀念政治鎮壓的受害者」。這個不一樣的廣場，由公園、博物館和陵墓組成，紀念那些在史太林時期，因為清黨被錯判有罪而被處決的人。

公園四周的環境靜謐優美，高聳的電視塔就在不遠處，陵墓呈圓形，石碑上刻有碑文，紀念那些為國犧牲的人。沙琪告訴我們，在建築電視塔之初，在此處發掘出大批受害者的殘骸，政府便在附近建造紀念廣場，紀念那一羣慘遭政治壓迫的人民。

博物館呈長方型，有兩個天藍色的圓頂，館外有木雕廊柱。博物館頗大，展廳陳列出大量的圖片、文物、文獻，以非常客觀的報導手法，描畫出當年烏茲別克的知識分子被前蘇聯政府壓迫的實況。

導賞員是位身材高䠷、舉止優雅的女士，她以俄文向我們詳細講述，由李娜翻譯。不過，以俄文道出前蘇聯政府的慘無人道，鎮壓迫害無辜的人民，聽起來總覺得有點弔詭。

歷史一頁頁的翻過去，多少愛國的知識分子，就這樣犧牲了！不知何故？我邊看邊聽，竟聯想起了中國的「文革」。

有人問及，現時的烏茲別克，如何面對前蘇聯政府當年的鎮壓？

那位優雅的女士，答得非常技巧，她說烏茲別克的人民不會記恨，而且今天的俄羅斯，跟昔日的蘇聯，亦不盡相同。

地鐵與藝術廣場

這天是在烏茲別克最後的一天，午飯比較特別，沙琪竟為我們安排了中菜，也許是為了照顧來自香港的朋友，好吃嗎？實在不敢置評。

飯後，坐地鐵去也。塔什干的地鐵是烏茲別克全國唯一的地鐵，在前蘇聯

高聳的電視塔

博物館

紀念陵

統治時期，於一九七二至一九七七年間建造。全程共有兩條線，各有十二個站，收費很便宜。這裏的地鐵站建得很漂亮，有點像「迷你版」的蘇聯地鐵，每站都有不同的主題，各有特色。

八十年代中，我在蘇聯旅行時，參觀過莫斯科的地鐵，美得像地下宮殿似的地鐵站，實在教人驚艷；二零一二年前到北韓去，也坐過平壤的地鐵，地鐵站之美輪美奐，亦令人讚歎不已。與之相比，巴黎、倫敦的地鐵站，簡直像貧民窟。

這次來到塔什干，不坐旅遊車，感受一下乘搭地鐵的滋味，也是難得的經驗。不過，由於軍事管制，地鐵不允許拍照，每站都有軍警看守，非常嚴格。

我們首先進入的是 Kosmonavt 站，以天文為主題，Kosmonavt 是蘇聯的航天員。接着的一站是 Alisher Navoiy，則以文學家為主題，紀念十五世紀的著名詩人 Alisher Navoiy。地鐵站設計得很有心思，可跟莫斯科的地鐵站媲美。我們轉了一次車，從 Mustaqillik Maydoni 站走出

獨立廣場地鐵站

來，便是獨立廣場。原來，Mustaqillik Maydoni 就是「獨立廣場」的意思。

偌大的獨立廣場，四周綠樹成蔭，在拂面輕寒的涼風中，兩位導遊帶着我們，徐徐步往露天的市集。這兒擺放着不同的攤子，賣的多是工藝品、油畫、水彩畫。在這裏，帖木兒的畫像很多，各種尺寸，各式各樣都有，不過，水準當然一般；也有畫師向遊客招手示意，你若願意坐下來，自有人爭着為你素描造像，收費亦不昂貴。

我們三三兩兩的，四處逛逛，看看人間風景，只見攤子上的東西有點雜亂，陶瓷、木器、漆盒、錢幣、徽章、小帽、指環、項鍊……，甚至有列寧的銅像，只覺眼花繚亂。逛了一陣子，大夥兒都溜到附近的商場去喝咖啡，擺擺龍門陣。

獨立廣場上的攤子

獨立廣場上的畫作

盛放的玫瑰

料不到，我們在塔什干最後的景點，竟然是一幢波蘭天主教堂，古雅的教堂外，還有一個小花園，園內是盛放的玫瑰。於此，又遇上一對新人在拍婚照。九月，果然是烏茲別克結婚的旺季。比玫瑰還嬌艷的新娘子，為此行畫上完美的句號。

從塔什干、撒馬爾罕到布哈拉，繞了一圈，然後又回到塔什干，行程非常緊湊，經過一處又一處的清真寺、經學院、古墓……至此告一段落。短短的十來天，當然不可能盡覽烏茲別克無數的古跡。

不同的文化、交錯的時空，烏茲別克至今仍給予我一種如夢如幻的感覺，似乎有點熟悉，可又感到很陌生。

每一次的相遇，都是久別重逢。在烏茲別克，仍有未到過的古城，我，期待着下一次的重遇！

波蘭天主教堂

二

吉爾吉斯斯坦

KYRGYZSTAN

中亞明珠

從烏茲別克回來，不到半年，我們又再度啟程前往中亞。這趟去的是「七河地區」[1]，包括吉爾吉斯斯坦和哈薩克斯坦兩國。古代「絲路」的魅力，看來是無法抗拒。

早上從香港出發，飛抵哈薩克斯坦的阿拉木圖，已是當地時間五時，在機場等候轉機往吉爾吉斯斯坦。在候機室內，眼前看是不同種族的臉孔在晃動着，像烏茲別克一樣，此地種族眾多，有哈薩克人、吉爾吉斯人、俄羅斯人、德國人，少不了維吾爾族人、朝鮮人，據説還有來自中國陝西回族的東干人……這幾個中亞國家，種族之複雜，實在一言難盡。

機場上的飛機升升降降，過盡千帆皆不是，靜候之餘，我乾脆掏出一疊厚厚的資料，細閱起來。

吉爾吉斯族的主要族源是西伯利亞地區的堅昆人，自古遊牧於葉尼塞河流

1 七河指流向巴爾喀什湖的七條河流，包括伊犁河、卡拉塔爾河、哈薩克阿克蘇河、列普瑟河、阿亞古茲河及現在已經消失的 Baskan 河和 Sarkand 河。

域及貝加爾湖沿岸。其後逐漸向天山西部及帕米爾高原一帶遷移，被唐朝人稱為「黠戛斯」，亦曾被蒙古人統治。十六世紀初，作為獨立民族的吉爾吉斯人，出現在天山一帶，至十七至十八世紀初，遭準噶爾入侵，至十八世紀中葉，清王朝平定了準噶爾，吉爾吉斯歸屬清，清文獻稱之為布魯特，意為「高原居民」。俄國十月革命後，它在一九一七年成為了前蘇聯的一員。蘇聯解體後，與其他的中亞國家行動一致，吉爾吉斯亦於一九九一年宣佈獨立。

今日的吉爾吉斯斯坦，是中亞的內陸國家，北與哈薩克斯坦接壤；西與烏茲別克斯坦為鄰；西南與塔吉克斯坦相接；東與中國新疆毗連。在吉爾吉斯語裏，「吉爾吉斯」是由「草原」與「流浪」兩個詞構成，即「草原上的遊牧民」。

吉爾吉斯是個高山國家，接連天山山脈和帕米爾的阿賴山脈，八成以上的國土都位於海拔一千五百米的山區。這裏有澄明的湖泊，也有青蔥的草原；有晶瑩的冰川，也有蒼茫的荒漠。

吉爾吉斯的河流、湖泊甚多，中亞地區的重要河流阿姆河、錫爾河都發源於此地，水源豐足，政府大建水庫，充分利用水力發電，每年約有三分之一的電力資源出口到其他國家，成為對外貿易的主要產業。

基於水源充沛，便於灌溉，無論是農業，還是畜牧業，都發展得十分蓬勃。此外，金礦亦是這裏的重要資源，產量甚高的黃金促進了吉爾吉斯的經濟發展。

這個國家住了很多不同的民族，文化各異，也有不同的宗教信仰，大部分人民信奉的是伊斯蘭教。

以前的吉爾吉斯人，一直過着遊牧生活，現在仍有一半人口，過着半遊牧的生活，在飲食文化方面，亦與草原民族類似，食物以牛奶及肉類為主，羊肉之外，還有駱駝、馬肉，以及山地的牦牛肉，他們慣於製作乾奶食品，如奶酪、牛油、奶皮，至於主食，則以饢餅最為普遍。

吉爾吉斯是友善、好客的民族，竭盡所能，熱情招呼客人，正是他們待客之道。可是，到吉爾吉斯人家中作客，必須熟知他們的禁忌，例如進食時，要從自己碟子中取肉吃，不能用左手抓菜，進餐前後，也要

吉爾吉斯斯坦地圖

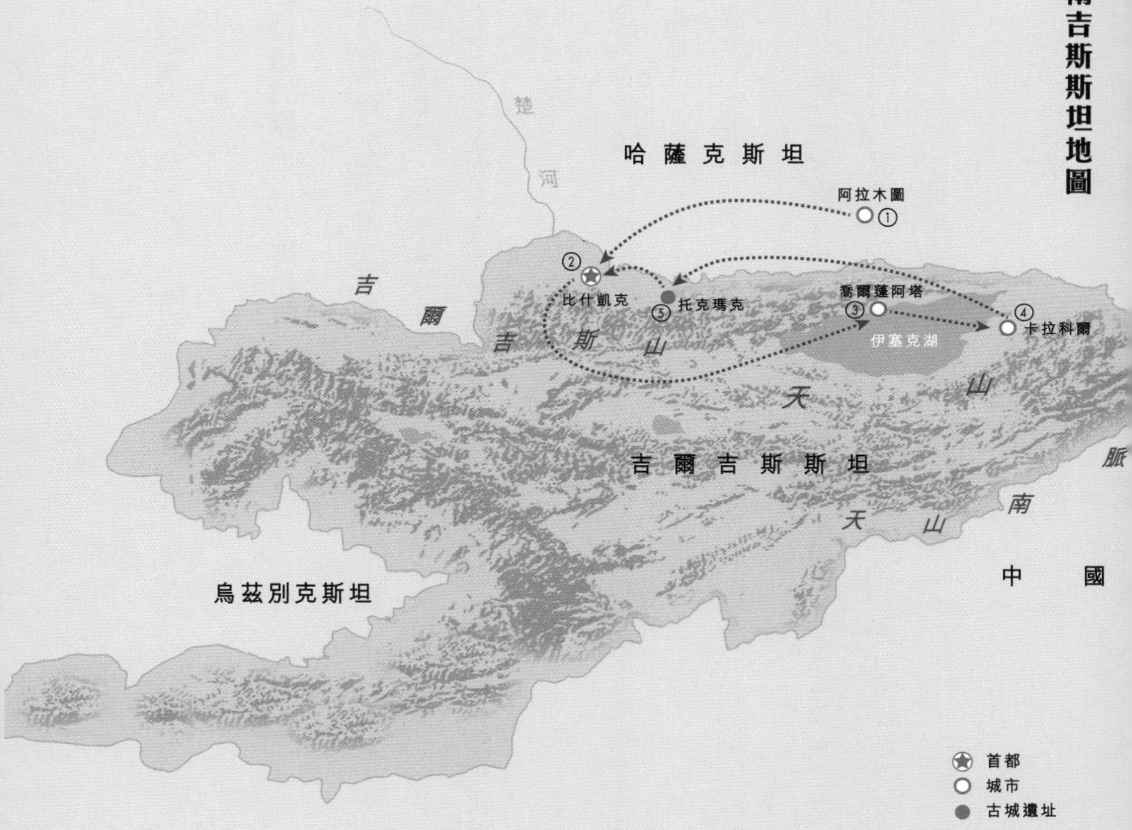
楚河
哈薩克斯坦
阿拉木圖 ①
② 比什凱克
⑤ 托克瑪克
③ 喬爾蓬阿塔
④ 卡拉科爾
伊塞克湖
吉爾吉斯山
天山山脈
吉爾吉斯斯坦
南天山
中國
烏茲別克斯坦
首都
城市
古城遺址

由主人的男孩，提着水壺為客澆水，清潔雙手，不能走出房子外洗手。

攪拌馬奶的棒子——比什凱克（Bishkek）

阿拉木圖距離吉爾吉斯斯坦的首都比什凱克不遠，不到半個小時，便飛抵瑪納斯國際機場。在機場的入境處，人們大都遵守秩序，只花了個多小時排隊輪候，便辦妥入境手續。不過，當地導遊阿爾喬姆（Artyom）已在機場的大堂守候多時。

進入市區後，吃的第一頓晚飯，已是晚上九時多，當地跟香港時差兩小時，此刻已是香港的十一時多。餐廳內有歌手唱歌，也有客人在跳舞，音樂聲震天價響，吵得叫人受不了，七、八十年代的香港，好像也有類似的地方。

比什凱克在吉爾吉斯語的意思是「攪拌馬奶的棒子」，座落在吉爾吉斯山麓下的楚河河谷，是貫通西域和中亞草原要道必經的驛站，曾是古代浩罕汗國的要塞，也是古代中亞的重鎮。

今天，這個首都城市，面積雖然不大，但街道整齊、寬闊，而且公園甚多，大概有二十多個，綠化工程做得非常好。市內蘇式建築較多，少見現代化的高樓大廈。

無處不在的列寧

大家都知道，吉爾吉斯人多信奉伊斯蘭教，但仍有其他的宗教，如東正教、基督新教、猶太教和佛教等教派的存在。在比什凱克，我們第一個參觀點，就是復活大教堂（The Resurrection Cathedral），一所古舊的東正教大教堂，雪白的外牆、天藍色的圓頂，外牆飾有馬賽克，部分建築正在維修中。主堂內正進行彌撒儀式，參與的信徒亦多，大部分都是較為年長的俄羅斯人。跟香港的天主教堂不同，這裏沒有椅子，他們都是站着，包括扶着手杖的古稀老人。

我不是教徒，無法投入，只能靜靜站在一旁，看着一張張虔誠的臉容，心裏想，在蘇聯統治的時代，他們是怎樣熬過來的。

從東正教教堂出來後，步行經過美國大學，橫過馬路後，走到對面的行人路，在公園的入口處，竟發現了馬克思和恩格斯的塑像，這兩位老朋友面對面坐着，促膝而談。眾人一湧上前，紛紛模仿他倆的坐姿，拍照留念，大家都笑得嘻哈絕倒。

更諷刺的是，現時美國大學之所在地，竟是前蘇聯的政府大樓，美國大學與馬、恩遙遙相望，相隔之不過是一條馬路。

想不到就在這條路上，在國家歷史博物館的後面，一尊列寧像，赫然出現眼前，他昂首而立，向前揮手，擺出國家領導人的典型姿勢。剎那間，有如時光倒流，彷彿回到昔日的蘇聯時代，實在令人慨歎。

烏茲別克已捧出了他們的民族英雄帖木兒，但獨立後的吉爾吉斯，跟烏茲別克不一樣，列寧像仍未全部推倒，我們在吉爾吉斯逗留了幾天，在這個國家的土地上，仍不時見到他的塑像。

列寧像

復活大教堂

馬克思和恩格斯的塑像

橡樹公園與博物館

來的不是時候，國家歷史博物館正閉館維修，只好改為參觀附近的實用藝術博物館（Applied Art Museum）。步行往博物館途中，經過了橡樹公園，公園幾乎與城市同齡，已有超過百年的歷史，早在一八九零年，公園的第一棵橡樹，是由著名植物學家費迪索夫植下的。經歷了好幾十年，橡樹已經高高聳立，枝葉繁茂，種植的面積已達兩畝半。園中有一座庫爾曼江・達特卡（Kurmanjan Datka）雕像，這位十九世紀吉爾吉斯的女英雄，出生於奧什（Osh）一個富有的蒙古家庭，以反抗俄羅斯吞併該地區而聞名。她的圖像亦印在面額五十索姆（Som）的鈔票上。雕像的後面，植滿橡樹，還有一個雕塑園，迎着柔和的陽光，在靜謐的公園中漫步，看橡樹的英挺俊拔，看草叢透出的幾分綠意，還可細看不同風格的雕塑，確是賞心樂事。

橡樹公園內的雕塑

實用藝術博物館就在附近，藏品不多，大都是吉爾吉斯傳統手工藝品，有木箱、銀器、陶器、服飾、掛毯……還有婦女配戴的首飾；最特別的是東正教的十字架，展出的數量亦不少，而且大多飾以寶石，手工之精巧，讓我們歎為觀止。在這所小型的博物館裏，還有小賣部，售賣書籍和紀念品，富有民族色彩的圍巾，令人愛不釋手，我也忍不住掏出腰包，帶走了一條。

這天，我們還參觀了吉爾吉斯・俄羅斯斯拉夫大學考古研究所內的考古博物館。想不到，在這所大學的小小博物館內，竟然看到了伊塞克湖沿岸地區發掘出來的大量文物，如青銅器、錢幣、陶器、瓷器、飾物等等；還有一些基督教的十字架，據稱是馬其頓希臘時代的聖物。

傳說中的民族英雄瑪納斯

比什凱克的廣場眾多，其中最著名的是阿拉圖廣場（Ala-Too Square）。這座廣場位於市中心，在總統府東側，意指「連綿的羣山」，廣場建於一九八四年，充滿濃厚的蘇聯風味，原名列寧廣場，當時擺放的是巨大的列寧像。吉爾吉斯獨立後，政府換上了「自由女神像」，至二零一一年，才被民族英雄瑪納斯（Manas）的雕像取而代之。豎立在廣場中央的瑪納斯銅像，騎着駿馬，手握長矛，身被厚重的鎧甲，充分反映了人民心目中的英雄形象。

十世紀至十五世紀，吉爾吉斯人先後受到克塔依人（契丹）和卡勒瑪克人（瓦剌）的統治，傳說中的「雄獅瑪納斯」是一位勇猛剽悍、能征善戰的勇士，他帶領族人抵抗異族的壓迫，是吉爾吉斯的民族象徵，首都機場亦以他的名字命名。

民族英雄瑪納斯雕像

史詩《瑪納斯》，正是將這位民族英雄的故事傳唱不絕的傑作，全詩共分八部，以瑪納斯的名字作為這首詩的總名稱，其餘各部則以該部的主角命名，如《瑪納斯》、《奇格台依》，敍述了瑪納斯及其子孫為爭取自由而鬥爭的故事。各部敍事結構完整，可獨立成篇，但各部間的人物、情節又有緊密的聯繫，可組合成一部完整的史詩。

史詩以第一部《瑪納斯》的內容最古樸，氣勢最磅礴，篇幅也最長，描寫了英雄瑪納斯一生的經歷，他既有高尚的品德、輝煌的戰績，也有慘痛的失敗、狼狽的處境。

從英雄的誕生開始敍事，是東方史詩基本模式，《瑪納斯》亦不例外。瑪納斯的父親加克普汗很富有，因年邁無子，令他痛苦萬分，通過祈子儀式，他的妻子奇跡地懷了孕。瑪納斯誕生時，一手握着血塊，另一手握着油，預示他一生要浴血奮戰；但他亦會讓人民過着富裕的生活。

為了躲避卡勒瑪克人的追殺，瑪納斯被送到森林撫養，從小就進入山區放牧。年僅十一歲的瑪納斯，曾率領四十名小勇士和各部民眾，與入侵的卡勒瑪克人搏鬥，把入侵者趕出領地。由於瑪納斯出色地主持了哈薩克汗王盛大的祭典，令他威名遠播，因而成了突厥語部落聯盟的統帥。

瑪納斯率領大軍遠征，追剿東逃的卡勒瑪克人，以絕後患。翻山越嶺，長途跋涉，與獨眼巨人搏鬥，與強敵交鋒，經過激烈的戰鬥，他大獲全勝，登上了卡勒瑪克首領的寶座。可惜他忘記了妻子卡妮凱的勸誡——「遠征勝利後應立即班師返鄉，否則必有大禍」，結果樂極生悲，被敗將的毒斧砍中頭部，不幸身亡。

瑪納斯是人民理想中的英雄，詩中形容他「有青鬃狼一樣的膽量，有雄獅一樣的性格，有巨龍一樣的容顏，有大山般的體魄和力量……」，頌讚他「是賢明的汗王，愛護自己的黎民百姓，為我們做有益的事情……如明月高懸。」

史詩，是古老的說唱文學，基本上亦為敍事詩的一種。在民間藝術創作之中，史詩的地位突出。由於吉爾吉斯過去一直沒有文字，史詩《瑪納斯》可說是吉爾吉斯民族的編年史，也是一部獨特的百科全書。

《瑪納斯》起源於九至十世紀，是全世界第二長的口傳史詩，已流傳千年，憑着説唱藝人驚人的記憶，精湛的演唱技巧，才得以保存至今。不同世代的歌手，不斷將故事琢磨加工，豐富了瑪納斯及其子孫等英雄的藝術形象，令這部史詩具有濃厚的民族特色，被譽為「東方的荷馬」。

《瑪納斯》流行於新疆克孜勒蘇柯爾克孜自治州（在中國稱吉爾吉斯為柯爾克孜）、天山以南，以及吉爾吉斯等地。一九六零年之前，前蘇聯發現了其中三部，而中國大陸則搜集了八部。在吉爾吉斯族中，能演唱並加工《瑪納斯》的歌手，稱為「瑪納斯齊」。

「我給大家演唱英雄，這是流傳下來的故事，我不演唱怎麼能行？」瑪納斯齊演唱之前，總有這樣的一段開場白。據中國大陸學者的錄音，新疆著名的「瑪納斯齊」居素甫・瑪瑪依表演整部史詩，共花了兩年多時間。

高山上的「熱海」——伊塞克湖（Lake Issyk Kul）

上午，我們在比什凱克市內匆匆逛了一圈。午飯後，我們便乘車出發，往高山上的「熱海」——伊塞克湖去。

從比什凱克前往湖區，車子沿着楚河往東南走，在公路上，左眺右盼，灰綠色的水流湍急，東看西望，聯亙的山巒起伏，赭紅色的紅砂岩，經不起歲月的風化，已變成不同的形態，這是穿越天山北脈西段的要道。沿途山路曲折，烈日當空，旅遊車不敵顛簸的公路，車內的「空調」竟敗下陣來，我們在燠熱的車廂內，熬了五個多小時車程，才來到喬爾蓬阿塔（Cholpon-Ata）的伊塞克湖區。

伊塞克湖古稱大清池，又名滇池，位於吉爾吉斯的東北部，距首都比什凱克二百多公里，屬於山地湖泊，湖面平均海拔一千六百多米，主要水源是高山泉水和積雪融水，據說有九十多條河流匯入湖，卻無一條流出，湖水面積六千多平方公里，是香

伊塞克湖碼頭

伊塞克湖

平靜的湖面

港陸地總面積的六倍，不僅是境內最大的湖泊，也是世界上第二大的高山內陸湖。伊塞克湖的湖水既深，且含鹽量高，冬天從不結冰，故當地人稱之為「熱海」。**Issyk Kul** 在突厥語中，有「熱海」之意。

天光雲影共徘徊

唐代僧人玄奘往天竺取經，路經此地時，湖區為西突厥活動中心，是絲路北道必經之地，乃商賈往來集結之所。對此湖描述既早且詳的，當以玄奘為第一人。

據《大唐西域記》所記：「山行四百餘里至大清池。周千餘里，東西長，南北狹。四面負山，眾流交湊，色帶青黑，味兼鹹苦，洪濤浩瀚，驚波汨淴，龍魚雜處，靈怪間起。所以往來行旅，禱以祈福。水族雖多，莫敢漁捕。」

書中提到，湖中有水怪，而且當地人以為神聖，不敢漁捕。等候上船期間，我溜進船長的辦公室，只見牆上掛着三條魚的標本，其中一條大魚，長約兩米，露出既尖且密的牙齒，看起來異常兇猛，莫不是玄奘提及的惡魚？

近黃昏時分，我們才開始登船遊湖。遊湖時，有如置身仙境。天藍色的湖水，透光度極高，清澈澄明，平和寧靜。六千多平方公里的湖泊，南北兩岸盡為天山山脈連綿不絕的雪嶺所圍，雲層瞬息萬變，陽光似有還無，為湖面增添了詭異的色彩。「忽聞海上有仙山，山在虛無縹緲間」，白居易的《長恨歌》，似在耳邊響起……

身處其間，實在難以想像伊塞克湖凶險的一面；也難以想像玄奘在一千三百多年前是如何走過來的。

唐代邊塞詩人岑參在《熱海行送崔侍御還京詩》中，生動地描繪了「熱海」的酷熱：

側聞陰山胡兒語，西頭熱海水如煮。
海上眾鳥不敢飛，中有鯉魚長且肥。
岸旁青草常不歇，空中白雪遙旋滅。
蒸沙爍石燃虜雲，沸浪炎波煎漢月。

也許，這只是詩人誇飾之辭。

為了參觀附近的景點和考古遺址，我們在湖邊的度假屋住了兩個晚上，半點也無熱浪迫人之感，反而感到清涼無比。清晨漫步湖邊，四周一片靜謐，清澈湛藍的湖面，恍如一面鏡子，天光雲影共徘徊。遠看北岸的雪峰，在雲霧中忽隱忽現。清風徐來，湖上湧起白浪，層層浪花撲向岸邊，然後又緩緩退回湖中。說不出的奇幻、神秘、詭異……

伊塞克湖的傳説

關於伊塞克湖的傳説頗多，例如湖底下就是《漢書・西域傳》所記載的烏孫都城赤谷城，那就是公元前二世紀西漢張騫與烏孫國簽訂盟約之地。其中最震撼的，莫過於成吉思汗的陵墓就在湖底，據云，成吉思汗去世後，後人秘密地將其遺體和大量黃金珠寶運到湖區，並製作了巨大的石棺，將遺體和財寶裝入其中並沉

從伊塞克湖遠眺天山

山在虛無縹緲間

入湖底。成吉思汗的陵墓究竟在哪裏，眾說紛紜，多年來已成了考古界一個不解之謎。

另一傳說是有關宗教的，「離伊塞克湖不遠的地方，水下保存着古代城市的遺址。據推測，這座城市中曾有過一個阿美尼亞修道院，而傳教士馬特費依的聖物就藏於此。」如果屬實，這裏就將會成為基督教的聖城。相傳帖木兒大帝，也曾將此地用作夏宮。

古代，伊塞克湖的周圍是重要的遊牧地，岸上住了很多部族，後來湖水上升，淹沒了很多村落。今天的岸邊，仍有不少人居住。沿着湖區路旁，有很多賣煙熏魚的小店，魚香四溢，價格相宜，長約呎半的鱒魚只售三美元。大家都買點帶回度假屋去，一嚐美味的煙熏鱒魚。

在前蘇聯時期，伊塞克湖是有名的療養與度假勝地，湖邊的溫泉療養院星羅棋佈，北岸建滿了度假村和別墅。此處亦曾是前蘇聯海軍測試潛艇魚雷的基地，屬軍事禁區，目前已成為政府主力開發的旅遊區。

事實上，伊塞克湖已成了吉爾吉斯人的聖湖，是吉爾吉斯的象徵。正如當地一句俗諺所說：「沒到過伊塞克湖，就不算到過吉爾吉斯。」

寧靜的小鎮——卡拉科爾（Karakol）

第二天剛好是星期日。我們大清早便起來，早餐後，離開人間仙境似的伊塞克湖，朝卡拉科爾進發。

在十九世紀的六、七十年代，沙皇軍官和探險家將伊塞克湖列入俄羅斯的版圖，大量移民湧入，他們開始在這裏建立城鎮，其中包括意為「黑湖」的卡拉科爾。這個小鎮，位於伊塞克湖的東面，建於一八六九年，居住了不少客商、軍官和探險家，其中最著名的，要數探險家普熱瓦利斯基，卡拉科爾曾因他而兩度易名為普熱瓦利斯基。

從這裏出發，可以前往中亞最好的滑雪場，也是遠足旅行、攀上天山的最佳基地，吸引了不少來自各地的登山愛好者。在這個寧靜的小鎮，有的是簡樸的清真寺，沒有璀璨的瓷磚，沒有奪目的宣禮塔，也沒有莊嚴的經學院。

中亞最大的牲畜市場

抵達卡拉科爾後，車子先把我們帶到了一個市集，這個人山人海的地方，原來就是中亞最大的牲畜市場，只在星期日的清晨開放，十時左右便結束。

市集位於廢棄的麵粉廠內，場面相當熱鬧，隨着人潮，大夥兒擠進了人與動物的世界。導遊告訴我們，這裏主要分為兩部分，一邊是綿羊和山羊；至於另一邊，就是馬和牛的世界，偶爾還有駱駝。

放眼四周，人與動物混集在一起，人與動物的聲音也互相交織，羊的咩咩、牛的哞哞、馬的嘶鳴聲此起彼落。到處都是馬尿牛糞，陷阱重重，大家都小心翼翼，不敢隨處亂走，索性站在圍欄外面遠觀。

在這裏，不單看到頭上戴着吉爾吉斯傳統帽子的男人，還有

不少婦女，以及年輕的小伙子。這裏沒有固定的攤檔，進行買賣的人，各自牽着自己的家畜，有的用麻繩把牲口緊緊的拴在木欄上，有的手裏捏着一疊鈔票，你一言，我一語的，彼此討價還價。誰是賣主？誰是買家？真搞不清楚。

在這裏，你可以試騎馬兒，用短跑的方式去驗證小馬的實力；也可以用手掌，去估量一隻羊兒的重量。

可憐的牲口，被主人拖進來，成交後，被買家拉走，牠們的下場如何？誰都說不準，有的會被屠宰，有的僥倖活下去……身不由己，只能聽憑命運的擺佈。

雖然是作壁上觀，卻令我想起昔日的奴隸制度。據說，公元前五百年，古希臘已盛行奴隸買賣，在雅典，奴隸與其他商品並列於市場，以拍賣的方式出售。現代人沒機會親歷其境，但在電影或電視節目中，大概也知道拍賣「奴隸」，究竟是怎樣的一回事。

卡拉科爾的牲畜市場

在現代社會，隨着人類文明的逐步提高，奴隸似乎已經絕跡，其實在不少地方，人口販賣的情況依然存在，不法之徒仍逍遙法外。據澳洲慈善機構「行走自由基金會」（Walk Free Foundation）發表的「二零一六年全球奴役指數」，全球仍有四千多萬的「現代奴隸」。

眼前的動物，無論是牛、是羊，還是馬，無助的表情，茫然的眼神，瞧得我心裏怪難受的。記得孟子說過「見其生，不忍見其死；聞其聲，不忍食其肉。」看來，我也要遠離這個擁擠的牲畜市場。

來自中國的回民——東干人

離開牲畜市場後，我們來到了一個完全不一樣的地方，參觀了一所歷史悠久的清真寺。從外表看來，眼前的清真寺幾乎沒有半點伊斯蘭的味道，更像中國式的廟宇，斗拱大屋頂，天藍色的飛簷，精雕細鏤，配上橙紅色的柱子，柱與樑之間，刻有不同的木雕，如葡萄、石榴、梨和桃子，還有花卉和龍鳳圖案……為這幢寺院，平添了不少的中國色彩。

這座奇特的建築，名為東干清真寺（Dungan Mosque），據說建築師來自中國，由當地的東干人建造，建於一九零四年，六年後始完成，是中亞最早，至今仍保存完好的中國傳統清真寺。

東干清真寺的規模不大，全以木頭建成，完全不用一根釘子，正是中國工匠擅長的榫卯結構[2]建築模式。

跟傳統的清真寺一樣，寺旁亦建有「宣禮塔」，那是一座藍色的木塔，塔頂倒有回教的標誌。大門鎖上了，未能入內參觀。站在陰涼的廊簷下，我們耐心地細聽「東干人」的歷史……

甚麼是「東干人」？不得不從百多年前說起，一批來自陝西、甘肅兩省的

---

2 榫卯結構，是中國古建築以木材、磚瓦為材料，以木構架的建築方式，由立柱、橫樑、順檁等主要構件建造而成，各個構件之間的結點以榫卯相吻合，構成富有彈性的框架。榫卯是極為精巧的發明，中國早在七千年前就開始使用，這種構件連接方式，令中國傳統的木結構有特殊的柔軟性，可承受較大的負荷，亦可產生一定程度的變形，在地震時吸收一定的地震能量，減少建築受到破壞。

回民，因為宗教信仰，受到滿清政府殘酷的鎮壓，被迫離開故土，從河西走廊進入新疆。在一八七七年的深冬，在清兵的追擊下，部分人越過天山，無懼雪山的阻隔，冒死逃往中亞。當年究竟有多少人從中國的西北部出發，已無法知曉，只知路上戰死、凍死、餓死、病死的，不計其數，終於來到中亞這片土地上定居的，只有少數人。

這批成功進入中亞的回民，被問到從哪裏來時，他們說「東岸」（甘肅東邊），從此東干成了這羣少數族裔的族名。

「東干族」現時有十多萬人，散居於中亞各國，包括哈薩克斯坦、吉爾吉斯斯坦、烏茲別克斯坦三國。在吉爾吉斯，他們主要居住在卡拉科爾、伊塞克湖的南岸，亦有部分人在比什凱克附近生活。剛抵中亞時，他們既無土地，又無牲畜，生活異常的艱苦，但他們開荒種地，辛勤耕作，種植蔬菜、稻米、小麥和果樹。那一代的東干人頑強地生存下來，時至今日，已形成了一個族羣，甚至擁有自己的文字。在二十世紀五十年代，前蘇聯的專家，根據俄羅斯的字母和東干人的發音，為他們創造了東干文字。

東干清真寺

精雕細鏤的木簷

東干清真寺的宣禮塔

儘管如此，今天的東干人，無論是日常說的語言，還是生活習俗，仍保持着中原的傳統文化。雖然東干人大多數已經不會寫漢字，但說的仍然是地地道道的陝甘方言。在日常用語中，他們稱首相、總統為「皇上」或「皇帝」，政府機構叫做「衙門」，政府官員叫「大人」，還有稱學校為「學堂」，銀行叫做「錢莊」，店舖老闆為「掌櫃」，至於簽名則稱之為「畫押」，恍如時光倒流，他們仍活在晚清。

據導遊介紹，在吉爾吉斯廣播電台曾經設有東干語的廣播節目，在比什凱克還曾印刷發行東干語文書籍和一份稱為《回民報》的報紙。

在飲食上，他們仍保留了中國西北回族人的習慣，例如用筷子吃飯，愛吃麵條、包子、餛飩（餃子），以及各種炒菜。食品也保留原來名稱，如黃瓜、滷麵、麵片兒、饃饃、胡椒等。

談婚論嫁時，他們也講究嫁妝、彩禮，甚至還有鬧新房等習俗，在婚禮上，新娘子穿的是滿族婦女的繡花的衣服，腳上穿的是繡花鞋，婦女在參加婚禮時，亦多穿滿族式的旗袍。東干人仍會演奏中國樂器，如揚琴、二胡、三弦，亦能紮作出蜈蚣、龍、蜻蜓、蝴蝶等漂亮的風箏。

當然，生活在中亞，除了漢語，東干人也學會了第二語言，或哈薩克斯坦語，或吉爾吉斯語，甚至是俄語。他們的生活習慣，或多或少都受到了其他民族的影響，在平常的日子裏，男的穿西裝，女的多穿連衣裙，飲食方面也增加了饢餅、抓飯、麵包等食品。

想不到，百多年來，這羣生活在異域的東干人，已成為今日絲路上的主人，他們用行動保存了傳統的文化、用口口相傳的方式保存了自己的語言。背後有甚麼強大的力量，促使他們如此堅守着與中華文化血脈相連的根苗。是對鄉土的熱愛？還是對故國的眷戀？

老實說，未到中亞之前，我對東干人一無所知，此時此刻，除了震撼、詫異、感動之餘，還慚愧不已！

聖三一大教堂的前世今生

午飯後，我們來到了聖三一東正教大教堂（Orthodox Cathedral of the Holy Trinity）。大教堂位於卡拉科爾的市中心，從遠處眺望大教堂，素樸的木製外牆，飾以雕刻的圖案，卻有點殘舊破落的味道，五個藍綠相間的鐘樓上，是燦然閃耀的鍍金圓頂，還有高聳的東正教十字架。

沿着稍斜的步道，走近教堂的正門，目光往上望，緊閉的大門上是一幅壁畫，畫的上方是雕縷精細的簷楣，帶有濃濃的傳統俄羅斯風味。

不得其門而入，大夥兒只好在附近溜達，站在教堂外的院子裏，四周一片祥和寧靜，芳草青青，風過處，高樹上的葉子在微微抖動，發出微聲細語，彷佛在訴說教堂的故事。

追源溯始，十九世紀下半葉，沙俄在中國西部割去大片的土地，吉爾吉斯成為了中俄邊界上的跨國民族。在一八六九年，卡拉科爾只是沙皇時代俄國邊緣的前哨駐軍小鎮，在市中心興建這座教堂，目的是為了哥薩克兵和其他部

聖三一東正教大教堂

隊，作崇拜之用。今天這座設計獨特的木建築，前身只是一座以磚瓦砌成的小教堂。

一八八九年的地震，不但破壞了這個城鎮，也將小教堂夷為平地。眼前的大教堂，就在原地重新建造，前後花了六年才完成，聳立的十字架，距離地面約有二十六米，使教堂成了當時城中最高的建築物。

在前蘇聯時期，許多宗教場所都被關閉，或改作其他用途，東正教大教堂亦不例外。一九一七年的革命之後，教堂曾兩度被國家沒收，改為教育中心、體育館、劇院……甚至煤炭商店。多年來，教堂歷盡滄桑，建築受到破壞，五個鐘樓亦被摧毀。直至八十年代中期，地方政府才開始修復這座歷史性的建築，還建立了一個小型博物館。一九九一年，吉爾吉斯斯坦獨立後，政府將這座教堂歸還給教會，教會進行了大規模的維修，才將教堂本來的面貌逐步復原。

這座教堂百多年來的變遷，不但見證了吉爾吉斯的歷史，也反映了吉爾吉斯與蘇俄的關係。

俄羅斯的探險家

馬可波羅是中世紀著名的旅行家，無論在歐洲，或在中國，認識他的人可真不少，可是，來自俄羅斯的探險家——普熱瓦利斯基（Przhevalsy），認識他的人卻不多，而紀念他的博物館，就在卡拉科爾的市郊。

普熱瓦利斯基出生於俄羅斯一個貴族家庭，是一位俄國陸軍軍官。從一八七零年到一八八八年間，他曾到過中亞進行了四次重大的探險活動，在蒙古、羅布泊和準噶爾盆地、西藏等地考察。

所到之處，他都會把考察路線繪成地圖，並按照地形、氣候、河流和動植物，描述中亞細亞的自然環境，寫下大量筆記，還蒐集了大量的動、植物標本。在探險的過程中，他發現了二百多種植物，許多新的動物物種，包括西藏熊、野駱駝、以他的名字命名的「普氏野馬」，以及不同的鳥類、魚類和昆蟲。

普熱瓦利斯基最大的貢獻是對崑崙山脈、藏北各大山脈、羅布泊流域、青海湖流域和黃河之源頭，作出的地理和自然歷史研究。為了表彰其貢獻，他曾被選為俄羅斯地理學會的名譽會員，俄國科學院也授予他一面獎章，上面寫着「獎給中亞自然的第一位探險家」。他的旅行記載，先後發表在地理學會的《會報》上，著作有《烏蘇里needle記》、《從伊犁經天山到羅布泊》、《蒙古、唐古特地方和北藏荒漠》等。

一八八八年，普熱瓦利斯基又一次踏上了旅途，朝西藏的拉薩進發。可惜，出師未捷，在遠征前夕，他染上傷寒，病逝於卡拉科爾。他的朋友完成了這位探險家的遺願，將他和所有旅行裝束一起埋葬在伊塞克湖畔。

為了紀念他，沙皇亞歷山大三世曾將這個城鎮改稱普熱瓦利斯基，俄國十月革命後恢復原名。至一九三九年又被再度以他的名字命名，直到吉爾吉斯獨立後，才改回原來的名字——卡拉科爾。

普熱瓦利斯基博物館離市中心稍遠，在一座紀念公園內。也許到訪的人並不多，偌大的公園內一片寧靜，到處都是高大的松

普熱瓦利斯基博物館

樹，散發着陰鬱低沉的氣息。

博物館是一座簡樸的建築，守在寂靜的園子裏。從新希臘風格的大門走進館內，巨型的地球儀後面，是一張巨大的地圖，上面記錄了普熱瓦利斯基遊歷過的地方。

館內的展品相當多，無論是陳列出來的手繪地圖、照片、日誌、書籍，以及動物、鳥類標本，還是放在櫃子內收集資料的工具、掛在牆上的浮雕地圖，以至立在地上的地球儀……都在告訴我們，這個探險家的經歷和故事。

處於沙漠的羅布泊，對很多人來說，是一個神秘的區域，在十九世紀末期，成為中外探險家尋覓的目標。普熱瓦利斯基在一八七六年，跨越了天山山脈，在探險過程中，自稱找到了中國古籍中的羅布泊，而且繪在地圖上，這個消息曾在歐洲引起轟動，令他一夜成名。

曾有人認為，羅布泊是一個「搖擺不定」的湖泊——由於入湖河流河道的「游移」，使它多次改變了自己的位置。近年，中國科學家的實地考察與研究，已證實羅布泊不是「游移湖」。事實上，當年關於羅布泊地理結構的種種説法，今天來説已不重要，更引人入勝的，反而是那些探險的故事。

其中有一個展品很吸引，那是一張中文的「護照」，摘錄如下：

……茲有　大俄國游歷官廓　帶同隨員通譯人等二十員名自西寧游歷至察現欲赴德界除由行營揀派外委蔡聯恩隨帶兵丁妥為護送外為此給牌仰沿途大小頭目人等知照一俟該游歷官到境其騎駝等項俱係自備如有困乏照章僱給其一切應用等物公買公賣毋得留難……光緒二十六年十月

這個「游歷官」，隨員有二十人，當時的清廷，對於這個俄國人，亦照顧有加，下令沿途大小頭目不得留難他。

查光緒二十六年，正是一九零零年，而普氏卒於一八八八年，可見這張「護照」並不是發給他的。文中提及的「俄國游歷官」究竟是誰，「護照」何以會在博物館內展出，實在耐人尋味。

距離博物館不遠處，就是普氏的墳墓和紀念碑。他的墓非常簡單，石碑平躺在地面，只刻上其名字及生卒年。紀念碑卻造型獨特，由天山花崗岩石雕成，一隻展翅欲飛的青銅鷹，盤踞其上，象徵智慧和簡潔，鷹喙銜

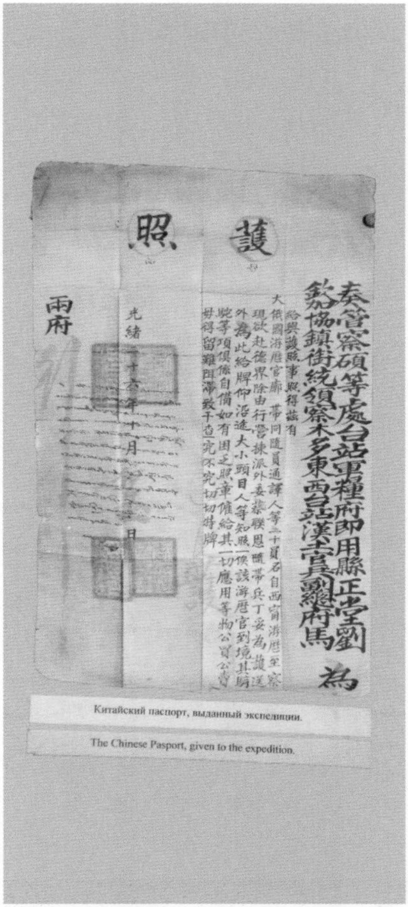
護
照
Китайский паспорт, выданный экспедиции.
The Chinese Pasport, given to the expedition.
普熱瓦利斯基博物館內的「護照」

着一棵象徵科學的橄欖枝，鷹爪下踏一方半啟的中亞青銅地圖，圖上標示着普氏的考察路線。碑的上方鑲有東正教十字架，中間部分有他的浮雕和題字：「尼古拉・米哈伊洛維奇・普熱瓦利斯基。中亞第一個自然探險家。生於一八三九年三月三十一日，卒於一八八八年十月二十日。」碑的下方有十級開鑿出來的台階，據說，每一級代表他完成的一次旅程。

走過這個紀念碑，就能看到伊塞克湖的美麗景色。難怪普熱瓦利斯基選擇這個地方，作為最後的歸宿。

毋庸多說，相信大家都明白，普熱瓦利斯基的身份，當然不簡單，俄羅斯政府派他到中國，以自然探險為名，其實主要肩負蒐集情報的任務，評估當時的國際形勢，為自己的國家出謀獻策，探險的背後，政治目的昭然若揭。

普熱瓦利斯基墓碑

普熱瓦利斯基紀念碑

唐代疆域的「極西點」——碎葉城（Suyab）

碎葉城本為西突厥屬地，唐太宗開創了大唐盛世，軍威懾服西域蠻族。在唐代是「安西四鎮」（碎葉、龜茲、于闐、疏勒）之一，約建於六七九年，可說是唐朝疆域的極西點。碎葉又稱素葉，玄奘於貞觀三年，也曾經過此地。

杜環《經行記》[3]對此城的敘述，至為詳細：「勃達嶺北行千餘里，至碎葉川，其川東頭有熱海，茲地寒而不凍，故曰熱海。又有碎葉城，天寶七年，北庭節度使王正見薄伐，城壁摧毀，邑居零落。昔交河公主所居止之處，建大雲寺，猶存。」唐天寶七年，即七四八年，王正見曾討伐突騎施，攻入碎葉城，將之摧毀。

3 《經行記》是唐代杜環所寫的經歷記錄。原書已經遺失，杜佑於《通典》卷一九一《西戎總序》，及卷一九三《大食傳》、《邊防典》中曾經引述部分內容。這些殘存文字是記述八世紀中葉中外經濟文化交流及西亞、中亞各國情況極為珍貴的原始資料，反映中國古代工藝技術的西傳以及古代伊斯蘭地區的工藝文明。

李白與碎葉城

唐朝大詩人李白在中國家喻戶曉，但這位「詩仙」，究竟是何許人也？李白生於七零一年，卒於七六二年，享年六十二歲。這是史實，應毫無疑問。然而，關於他的原籍，卻眾說紛紜。

陳寅恪曾論證，說李白是西域胡人，絕無疑義。

郭沫若於上世紀六十年代在《李白與杜甫》，指出李白出生於絲綢路上的富商之家，在碎葉長到五歲才遷回西蜀……

我雖愛讀李白的詩，卻無意去探索他的身世。千百年來，無人能斷言他的出生地，碎葉是李白的故鄉，也只是個猜想而已。不過，這個可能，已足以教人心往神馳。

碎葉城遺址究竟在哪裏？據考證，碎葉城遺址就在今日的阿克・貝希姆古城（The Site of Ak-Beshim），其中一個有力的證據，就是一九八二年在當地出土的「杜懷保造像題銘基座」，基座呈八角形，上面的銘文隱約可辨：

□西副都□，碎葉鎮壓 十姓使 上柱國杜懷寶，上為天子
□□□下為□□□考妣見□□使□法界□眾生，普願平
安，獲其暝福，敬造一佛二菩薩。

這不就說明了阿克・貝希姆遺址就是碎葉城嗎？

這個基座現時放在吉爾吉斯・俄羅斯斯拉夫大學考古研究所內，一個小小的展館中，參觀之時，只見基座被閒置一角，左上角已有點崩壞，出土時可見的「安」、「護」等字都消失了，但對我們來說，驀地相逢，簡直是驚喜交集，興奮不已。

阿克・貝希姆遺址位於伊塞克湖北岸的托克瑪克市（Tokmok）西南近郊。我們早上從伊塞克湖區出發，半天才來到托克瑪克。據說，一般旅行團到了托克瑪克市，導遊便會指着停放路邊的戰機，告訴旅客「這就是李白出生地碎葉城」。我們的導遊卻道出真相，說「這兒距離真正的碎葉城遺址，還差八公里的

路程。」

從托克瑪克到碎葉城的路面起伏跌宕，距離碎葉城遺址愈近，車子顛簸得更厲害。如果沒有哈薩克國家科學院考古研究所研究員的帶領，恐怕我們不可能在田野間找到這個遺址。

站在碎葉城的遺址上，北望是天山山脈的餘脈，南方遠處是吉爾吉斯山脈，東西是長長的楚河河谷地帶。楚河在古文獻上稱為碎葉水，沖積平原是東西絲路的往來要道，自古聚落密集。

如今的碎葉城早已不是古道重鎮，遺址只剩下幾塚土丘、幾個土坑，還有幾段勉強算得上是城牆的斷壁殘垣。

據說，這個所謂遺址，並非真正的碎葉城。唐高宗時的碎葉城，仿唐都長安城而建，可容納二萬軍隊，商業異常繁榮，如今已蕩然無存，觀乎現場遺址，面積不到一個足球場。也許，這裏不過是當時一個小小的兵營而已。

碎葉城遺址

在這個雜草叢生的廢墟中，我當然不可能覓到一枚印着「開元通寶」或「大曆通寶」的錢幣；小石頭、小磚片倒是俯拾即是，我可不敢去撿。

登高遠眺，四周都是荒蕪的耕地、斑駁的土坡；昔日的邊陲重鎮，如今只剩下頹垣敗瓦。想起了馬致遠的曲子：

想秦宮漢闕，都做了衰草牛羊野，不恁麼漁樵沒話說。縱荒墳橫斷碑，不辨龍蛇。

「這真是一個不去後悔，去了更後悔的地方。」同行的朋友忍不住說。我可不管，無論如何，我終於來到了碎葉城。

離去時，烈日下，彷彿瞧見五歲的小李白，朝着我們揮手道別……

西行求法的玄奘

說起玄奘的名字，你一定想起了《西遊記》中的唐僧——唐三藏。這位俗家姓陳名禕的河南人，十三歲皈依佛門，在洛陽淨土寺出家。

六二七年（貞觀元年），玄奘發願西行求法，前往西域取經。唐太宗沒批准他的西行計劃，於是他決定鋌而走險，「冒越憲章，私往天竺」，獨自前往天竺（即今之印度），求佛法取真經。

他憑着堅定不移的信念，不到西天取經誓不還。「我先發願，若不至天竺終不東歸一步……寧可就西而死，豈歸東而生？」

沒有通關文牒，也沒有隨從，孤零零的玄奘，從長安出發，途經蘭州到涼州、瓜州，再經玉門關，渡過流沙河，「上無飛鳥，下無走獸，復無水草」，飽嘗艱辛苦楚，才抵達伊吾（哈密）。因盛情難卻，玄奘從哈密走到高昌（吐魯番），在這裏得到國王麴文泰的禮待，他講了一個月的經，但高昌王仍不肯放行。玄奘唯有絕食以明心志，最後與麴文泰結義金蘭，才得以脱身。高昌王不僅派人護送玄奘，還贈以馬匹、乾糧和金錢，並為他寫了不少介紹信，請求西域諸國的國王對玄奘予以協助、支援。

縱使得到了高昌王的慷慨餽贈，但玄奘的行程並不因此而變得容易。離開高昌後，他途經庫車，走到了淩山，翻越了海拔近七千米的天山山脈，「途經險阻，寒風慘烈，……暴風奮發，飛沙雨石，遇者喪沒，難以全生。」據說隨行的腳伕，十人就死了四個。接着，他再步行近千里，經過了伊塞克湖，才抵達素葉水城（即碎葉城）。

「清池西北行五百餘里，至素葉水城，城周六七里，諸國商胡雜居也。」玄奘經過碎葉城時，曾受到西突厥可汗統葉護的盛情款待。統葉護於六一八年為西突厥汗國可汗，與中國唐朝保持良好的關係，唐高祖曾以宗室之女和他結親，其統治時期為西突厥汗國的全盛時期。

玄奘來到碎葉城，在可汗的大帳內吃素食、看胡舞、聽蕃樂，認為蕃俗樂曲，也「娛耳目，樂心意。」他又為可汗、羣臣等説佛法，勸喻眾人不要殺生，又闡述超脱生死的道理，在這裏停留了幾天。可汗像高昌王一樣，試圖勸阻他離去，説印度天氣酷熱，不值得一去，遊説他留下來。可是玄奘堅定地回答：「今之彼，欲追尋聖跡慕求法耳。」可汗只好

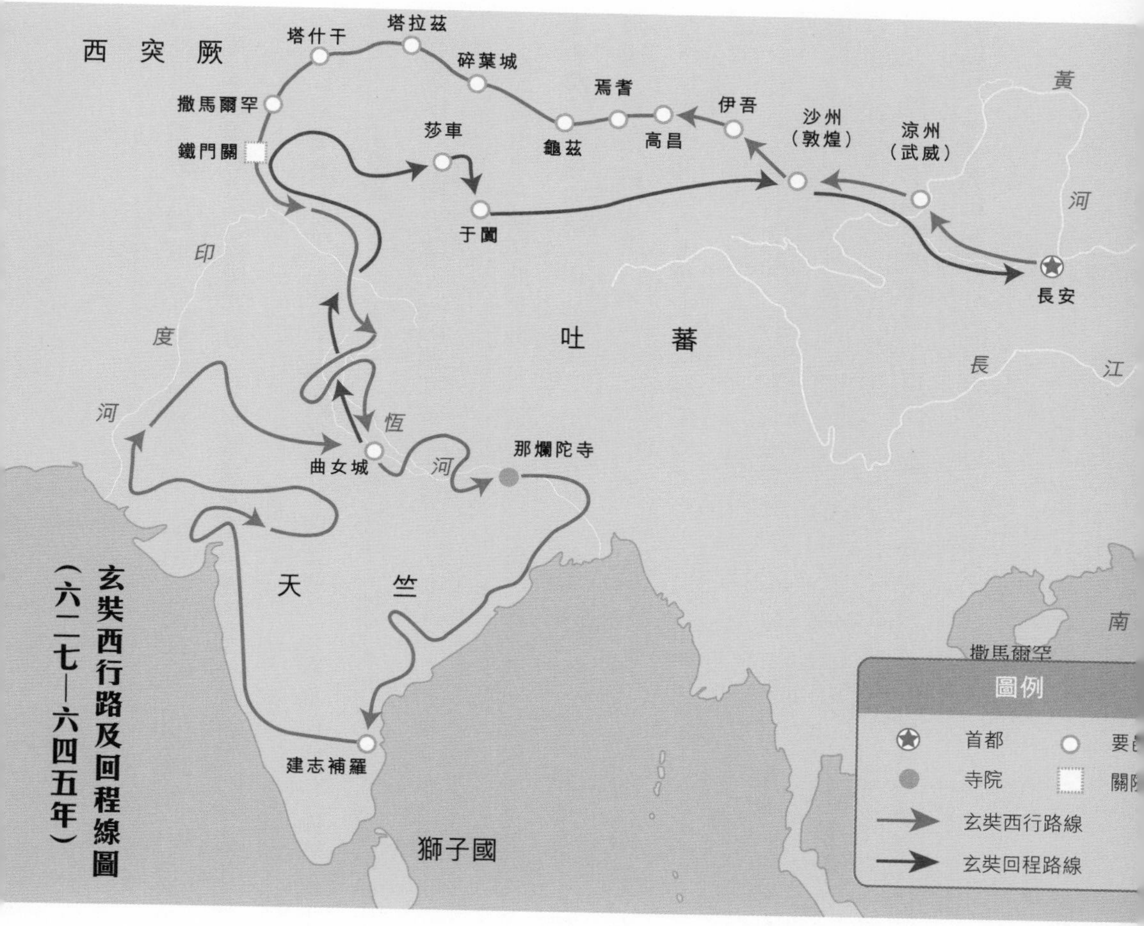

玄奘西行路及回程線圖（六二七—六四五年）

為他寫了多封介紹信，並贈與緋綾法衣一件、綃五十匹，又找到一位通曉漢語及西域諸國語言的高級譯員，負責護送玄奘，還與羣臣送至城外十多里處。

玄奘繼續上路，據《大唐西域記》的記載：「素葉城西行四百餘里至千泉。……千泉西行百四五十里，至呾邏私城，城周八九里，諸國商胡雜居也。土宜氣序，大同素葉。」呾邏私城即怛羅斯，就是現時哈薩克的塔拉茲。

於此可見，當年的玄奘，已從今天的吉爾吉斯，走到哈薩克。接着，他到了赤建國、颯秣建國（即烏茲別克的塔什干、撒馬爾罕）一帶，然後南下，經梵衍那國（阿富汗巴米揚大佛所在之地），到了巴基斯坦的旁遮普等地，歷時四年，最後終於抵達天竺的佛教中心那爛陀寺。

從長安起行之初，沒人相信他能走到天竺去，結果，經歷四年的險阻磨難，玄奘終於完成了他的心願，到達目的地。「有志者，事竟成。」信焉！

玄奘在那爛陀寺學習了五年，隨後，他走遍印度，到各地遊學，跟隨、請教過許多著名的高僧，亦停留過不少的寺院。

六四一年，玄奘離開了印度，返回中國，將六百五十七部佛經帶回中土。六四五年正月，他回到長安，受到唐太宗的熱烈歡迎。在太宗大力支持下，玄奘在長安設立譯經院，與其弟子譯出經論共七十五部，總一千三百三十五卷。

另外，由玄奘口述的《大唐西域記》(由弟子辯機筆撰)，詳細記錄了玄奘往返西域所經歷的一百一十個地區、國家的見聞，記述他西行沿途各國山川、地貌、物產、氣候、風俗民情及宗教文化等，不僅是中國歷史上的經典遊記，亦為研究中亞、南亞地區古代史、宗教史、中外關係史的重要文獻。

玄奘所創的法相宗，至今仍為日本佛教的一大流派。

六六四年，玄奘圓寂。

從立志西行、西行求法，到取經歸來、翻譯經文……玄奘一直履行着一個僧人所承擔的責任，為佛教獻出他的一生。

布拉納塔與「石人」

巴拉沙袞城（Balasagun）又稱布拉納遺址，就在距離碎葉城不遠的地方。歷史上的巴拉沙袞城由粟特人建造，是十至十三世紀時期絲路上重鎮，地廣而富庶，曾是喀喇汗國和西遼的國都。

在回教歷史中，曾記載喀喇汗國信奉伊斯蘭教，是操突厥語的民族建立的第一個穆斯林王朝，但與當時的宋朝維持密切的關係。至清初，巴拉沙袞為準噶爾汗國的首都，乾隆皇帝征服準噶爾後，此城也一度被併入清朝版圖。

遺址內矗立着一座陶磚砌成的宣禮塔，這就是著名的布拉納塔（Burana Tower），塔身外的牆磚紋飾漂亮多姿。此塔原建於十一世紀左右，最初有四十多米高，由於遭遇過幾次地震的摧毀，經修復後，現存的磚塔高約二十多米。

關於這個塔，還有一個傳說，當時的國王生了一個很漂亮的公主，巫婆預言她只能活到十八歲。為了保護女兒，國王下令建了這座高塔，讓她住進塔頂

布拉納塔

的閣樓，只有一個僕人能通過細窄的階梯爬上去，給公主送食物。公主到了十八歲時，一隻劇毒蜘蛛趴在食物上，結果咬死了公主。

布拉納塔的塔邊建有一道鐵梯，沿着旋轉的樓梯可登上塔的入口，轉進塔內，通過蜿蜒曲折階梯可通往塔頂。塔內光線不足，階梯狹窄而陡峭，緊貼着塔壁，可慢慢的摸黑往上爬。登上塔頂後，四周豁然開朗，可遠眺楚河河谷和托克瑪克，整個遺址的風貌亦盡現眼前。

從塔頂往下看，遺址區內還有幾個大土丘，有點像陵墓，紅色的罌粟花，雜生在綠油油的草叢中，份外奪目。大量的石人散落在附近的草叢中，驟眼看來，與中國新疆伊犁草原石人有點相似。

「石人」(Balbal)，發音類似「包包」，是突厥語中「祖先」或「祖父」的意思，與突厥人的墓葬文化息息相關。由於他們是遊

石人羣像

牧民族，逐水草而居，當有親人逝世後，便將死者的模樣刻在石上，然後放在墓葬地，是用作標記墳墓的石雕。不過，當突厥人改信伊斯蘭教後，石人亦隨之不再出現。

這裏大概不是真正的突厥人墓葬地，展示出來的，只是從其他墓地蒐集回來的石人羣像，放在這個露天博物館內，大抵是為了方便保存。

突厥石人臉型寬圓，顴骨高起，顯得純真可愛，「男石人」多長八字鬍或山羊鬍，大多是手持酒杯，放在胸前，另一手則放在腹部；至於「女石人」，兩手大多放在腹部，手中有無拿東西，那就不得而知，也許雙手只是互相緊扣而已。這些奇特可愛的石雕，每個都有自己的個性，像他們所代表的人一樣獨特。

對於石人的考證，亦有另一種說法。「石人」又稱「殺人石」，突厥依死者生前所殺敵人之數量，在其墓上立石，據說可達千百塊之多。

「男石人」

附近還有一座簡陋的小型博物館，旁邊的蒙古包，既是售票處，也是禮品店，隔壁還有幾個陵墓的地基。

博物館裏面陳列的是在這裏出土的部分文物。其中有十一世紀的基督教雕刻、佛教遺物和中國錢幣，還有杯、盤、碗、碟等不同瓷器，既有唐三彩，也有白瓷……還有一塊石碑，刻着雙龍圖，極具中國特色。

館中亦展出繪畫，畫面重現當時巴拉沙袞城的繁華景象，市集上商人雲集，山崗上的皇宮雄偉異常。此外，館內也有當地著名的文學家 **Haji Balasagun** 及其代表作 ***Kutudhu Bilik*** 的介紹。

博物館的工作人員說，這裏曾是古絲路上重要的交通和貿易樞紐。當時西遼的耶律大石，對來自東方的商隊給予不少優厚的條件，而且憑藉他的威信，這些商隊前往西方進行貿易時，途中亦會得到很多國家的接待，對絲路之發展，產生了重要的作用。

走過邊境

走過一個又一個的古城，我們回到繁盛的比什凱克。翌日便要告別吉爾吉斯，到哈薩克去。一如前幾天，大清早便起來，乘車往加爾多瓦口岸，辦理出入境手續。從吉爾吉斯到哈薩克，一出一進，便花上大半天。

從比什凱克出發，大概兩個小時，便到達邊境。在這裏，所有的車輛都必須停下來，我們全都下車，每個人拎着自己的行李，然後排隊等待過境。

國家的概念，早在幾千年前已形成，既然有國界，就有邊境。古人旅行，也不能隨意到處亂跑。關卡、關文等概念，也是古已有之。昔日有「通關文牒」；今天我們手持的是護照。

這天通關的人很多，關卡熱鬧得很，一條長長的「人龍」已在望，亂紛紛、鬧嚷嚷的，大家都想早點過關，不斷向前擠……

正呆呆輪候之際，忽然看見一個小孩，六、七歲的模樣，站在路旁，矮小的身軀靠着一輛破舊的嬰兒車，車上載着的，不是嬰孩，而是十多個玻璃瓶，堆放在一起，瓶中盛着的是草莓，原來他在向等待過境的旅客兜售水果。過了一陣子，一個老婦人走近他身邊，大概是小孩的祖母。眼看這兩婆孫相依為命，憑着勞力賺點錢，大家都走上前去，解囊相助，孩子很懂事，熟練地將瓶內的草莓，倒進膠袋去，然後遞給人家。十多瓶的草莓，不消一刻，便賣光了。

邊排隊，邊閒聊，我們逐漸向邊境上藍色的鐵皮房子移近。吉爾吉斯的關員一點也不囉唆，不到一個小時，就辦好出關手續。進入哈薩克那邊，速度卻明顯緩慢下來⋯⋯關員慢條斯理的，只顧閒聊和説笑，完全不理會有多少人排隊。經過冗長的等待，接回護照後，瞧見哈國的印璽，才舒了一口氣。我們最少花了兩個多小時，才踏上哈薩克斯坦的土地。

在烈日之下，拖着行李箱，邁着沉沉的步伐，走過一段凹凸不平、長長的石子路，終於走到旅遊車旁，當地的導遊蕭斑（Sholpan）女士，已在等候我們。

邊境上賣草莓的兩婆孫

三

哈薩克斯坦

KAZAKHSTAN

遙遠的近鄰

翻開地圖一看，哈薩克斯坦可說是中國的近鄰，兩國邊界線長達一千七百餘公里，地處古代絲綢之路的中心，在歷史上與中國的關係千絲萬縷。

哈薩克位於亞洲中部，版圖橫跨亞歐大陸，國境向西越過烏拉爾山、烏拉爾河，直達歐洲，是中亞最大的國家，也是世界上最大的內陸國，面積有美國的一半。北部是森林，與俄羅斯接壤；南部大部分是荒漠和草原，與烏茲別克斯坦、土庫曼斯坦、吉爾吉斯斯坦為鄰；東部、東南部為阿爾泰山和天山，與中國相接；西瀕裏海，與烏克蘭隔海相望。

數千年來，在哈薩克草原上馳騁的，都是被中國視為外族的部落，漢的烏孫、唐的突厥、宋的契丹……直到十三世紀，落在蒙古人手上。至十五世紀中期，在楚河和塔拉斯（Talas）河谷，誕生了哈薩克族第一個國家——哈薩克汗國。

哈薩克，即突厥語中的「自由騎士」。由於長久的遊牧天下，這個部族沒有建立起深厚的文化，十九世紀受到俄羅斯的統治，二十世紀初，以加盟共和國身份加入了前蘇聯，境內各民族逐步西化，距離我們也愈來愈遙遠。

一九九一年，前蘇聯解體後，隨着大量天然資源的開發，例如裏海油田和天然氣，獨立後的哈薩克在經濟上比其他幾個中亞國家領先。它是世界前二十大的產油國，設有油管直接供應中國和俄羅斯所需；也是世界的糧倉，麵粉出口量高踞世界第一位。

哈薩克是多民族國家，主要有哈薩克、俄羅斯、日耳曼、烏克蘭，還有烏茲別克、維吾爾、韃靼和朝鮮。大多數居民信奉的是伊斯蘭教（遜尼派），但也有東正教、基督教、佛教。哈薩克語雖然是唯一的官方語言，但俄語至今仍然通用。

談到哈薩克的飲食文化，跟鄰近的新疆頗為類似，他們喜好肉食，尤其是羊肉；蔬菜較少，以黃瓜、茄子、洋蔥、捲心菜為主；奶類產品甚豐，有奶茶、奶皮子、奶疙瘩[1]。

---

1 奶疙瘩亦即乳酪，在新疆一般把軟的乳酪叫乳餅，乾透的叫奶疙瘩。奶疙瘩是哈薩克、柯爾克孜、蒙古等少數民族喜歡吃的一種食品。奶疙瘩有兩種，一種是甜奶疙瘩，一種是優酪乳疙瘩，可帶油可不帶油。哈薩克族牧民做奶疙瘩時，先將牛或羊奶發酵，把發酵後的優酪乳倒入鍋裏熬，然後裝入布袋裏吊起來，使其水分滴盡，用手捏成小塊，放到鋪有芨芨草編製的蓆子上晾乾即成。

古代的哈薩克人一直過着遊牧生活，因為分工之故，所穿的服飾亦男女有別。男的寬袍大袖，便於騎馬放牧，多為藍、白、金三色，外加亮麗的腰帶，奔馳在綠色的草原上，顯得特別奪目出色。女的多穿長裙子，樣式、顏色、圖案繽紛多姿，佩戴的帽子、頭巾亦款式甚多，教人目不暇給。

長期的放牧生涯，讓哈薩克人久處於大自然，草原的碧綠、天空的蔚藍、泥土的棕黑、湖泊的藍綠、落日的火紅、月亮的淡黃……他們善於將大自然繽紛的色彩，融入衣飾之中，傳統的哈薩克服飾繡上的圖案，亦大多取材於自然界的動植物，如羊角、馬掌、駝峰、藤蔓、莖葉……

哈薩克境內四季都有鬱金香開放，國花就是鬱金香。

俄羅斯
阿斯塔納
哈 薩 克 斯 坦
塔爾迪庫爾干
④
③
阿拉木圖
⑤
①
塔拉茲
②
比什凱克
伊塞克湖
烏茲別克斯坦
吉爾吉斯斯坦
土庫曼斯坦
中 國
塔吉克斯坦
首
城

哈薩克斯坦地圖

石國大鎮——塔拉茲 (Taraz)

在哈薩克斯坦的第一夜，我們住進塔拉茲的江布爾酒店（Hotel Jambyl），塔拉茲是江布爾州的首府，而江布爾州是哈薩克族最神聖的地方，以哈薩克偉大的民間詩人江布爾・紮巴耶夫（Jambyl Jabayev）的名字命名。

這個前蘇聯時期的吟唱詩人，生於貧窮牧人家庭，曾隨著名民間詩人蘇尤拜（Suyunbai Aronuly）學習即興吟唱藝術，自幼用冬不拉伴奏說唱各種故事、史詩、傳說。如今在塔拉茲的市內，也豎立了江布爾的塑像，詩人迎風而立，頭戴皮帽，左手持着冬不拉，右手向外伸出，底座正面下方寫有他的名字，以及其生卒年：一八四六至一九四五。雕塑建於一九六一年，為了紀念他誕生一百一十五週年。

塔拉茲位於哈薩克斯坦南部塔拉斯河畔，鄰近吉爾吉斯斯坦，古稱怛羅斯，是哈薩克最古老的城市。公元前七至前八世紀，薩迦族（Saka）已在此活動；公元前一世紀前後，此處是烏孫人的牧地。在四世紀開始，這裏成了突厥的領地。至中世紀，這個城鎮成為絲路的重地，粟特人曾在此從事商業貿易。

隋唐時代，此地曾屬昭武九姓中的「石國」，為石國重要的城鎮。玄奘往印度取經時，亦曾路經此地。

據杜環《經行記》所記：「勃達嶺北行千餘里，至碎葉川……。其川西南頭，有城名怛邏斯，石國大鎮，即天寶十年，高仙芝兵敗之地。」唐天寶十年，即七五一年，唐大軍在怛邏斯城一帶，大敗於阿拉伯的東征軍。自此，怛羅斯先後成為葛邏祿和喀喇汗王朝的中心。

這一帶不單只是煙塵莽莽的古戰場，亦可以說是「黃禍」的起點。

話說十一世紀時，全盛時期的花剌子模，幾乎囊括了大部分的中亞地區，而怛邏斯，亦曾屬花剌子模，被稱為塔剌思。一二一九年，成吉思汗揮大軍第一次西征時，就滅掉了花剌子模，亦佔領塔剌思，蒙古人幾乎把這個城市夷為平地，其後將此地納入蒙古帝國的版圖。

塔拉茲是近十年才出現的地名，一九九七年前稱江布爾市，城市的規模不大，高樓大廈不多，市內的地方建築，仍保留阿拉伯或蘇式風格。

塔拉茲古城遺址

塔拉茲古城遺址位於今天市中心的中央市場，這個獨特的考古遺址可追溯到一至十九世紀，反映了哈薩克的歷史發展。

遺址的挖掘工程，始於二零一一年。據説在考古現場，找到許多喀喇汗王朝文物，發現了三千三百塊陶瓷碎片，三十三個硬幣（其中一個是金的），以及二十六個玻璃器。挖掘出來的陶瓷碎片上面，刻有阿拉伯文字，在一些陶器碎片上，還發現十字架圖像，足以證明不同的宗教，也可以和平共存。

此外，考古學家在廢墟上，也發現古代經學院、城鎮的主要通道，以及古代的水管的遺跡，甚至還找到了薩迦和烏孫時代的方形磚。

研究遺址的專家當然想繼續深入挖掘，期望發現更多、年期更久遠的文物，但政府卻希望在遺址上盡快興建博物館，以增加旅遊業的收入。

塔拉茲古城遺址

喀喇汗陵墓

喀喇汗陵墓（Karahan Mausoleum）亦位於塔拉茲市的中心，建於十一世紀的喀喇汗王朝時代。草原遊牧帝國素有「雙汗制」的傳統，大汗之側設有副汗。喀喇汗國亦不例外，在建國之初，大汗稱阿爾斯蘭（獅子）喀喇可汗，駐巴拉沙衮城，而副汗稱柏格拉（公駝）喀喇可汗，則駐守在怛羅斯城。

喀喇汗王朝信奉的是伊斯蘭教，古墓是一座正方形的穹頂建築，墓的正門面向南方，兩旁邊沿有高柱，柱頂有洋蔥頭式的小圓球，帶有傳統的伊斯蘭風格。陵墓看起來很古舊，原來已於一九零六年重建，並非當年的真跡。墓的外牆已換上現代磚塊，幸而內牆還是當年的舊磚，而古墓碑亦保留下來。毫無疑問，古墓主人是喀喇汗王朝的一位汗王，他的名字已無從稽考，然而他的故事，與一個流行於當地的民間傳説卻息息相關。

喀喇汗陵墓正面

喀喇汗陵墓側面

阿依莎比比的愛情故事

在塔拉茲城西約十八公里的公路附近，有兩座古陵墓——阿依莎比比陵（Aysha-Bibi Mausoleum）和巴巴智哈圖陵（Babazhi Katun Mausoleum）。

關於阿依莎的故事，傳說甚多，據流行的說法，阿依莎是十一世紀著名科學家和詩人 Khakim Suleimen Bakyrgani 的女兒，父親去世後，阿依莎由族長 Aikozhy 撫養成人。她與塔拉茲的喀喇汗相戀，但婚事遭到反對。兩人私訂終身，在僕人 Babazhi Katun 的協助下，她偷偷動身前往塔拉茲，結果在阿薩河畔被蛇咬傷，倒在路上，因而離世。為了悼念阿依莎，傷心欲絕的喀喇汗為她建造了一座美麗的陵墓，Babazhi Katun 成了陵墓的守護者，死後亦葬於不遠處的另一座陵墓內。

聽說，喀喇汗的壽命很長，亦有幾個妻子，但無人知道她們的名字。喀喇汗臨終的遺願，是要葬在一處可以看到阿依莎陵墓的地方。多個世紀以來，喀喇汗和阿依莎比比的陵墓，一直是塔拉茲最高的建築。

阿依莎比比及巴巴智哈圖陵墓

陵墓外型古樸，是個立方體建築，屋頂呈圓錐形，四個角落有大型的圓柱，整個建築用陶磚砌成，陶磚有不同的圖案，超過六十多種，包括花卉、幾何紋、饕餮紋，還有書法……手工精巧細緻。驟眼看來，風格跟布哈拉的薩曼尼陵墓有點相似。

這兩棟建於中世紀的陵墓，外觀相似，雖然受盡雨打風吹，部分陶磚已有點殘破，但看起來仍很靈巧優雅，多個世紀以來，屹立此地，為這段愛情作見證。

當地的傳統習俗，塔拉茲的新婚夫婦，通常在婚禮當天，就到訪陵墓，盼望能同偕白首，永遠生活在一起。直到今天，仍有不少婦女來到陵墓，祈求幸福的婚姻。

古今中外，愛情故事最能打動人心，尤其是悲劇，總教人低迴不已，西方有羅密歐與朱麗葉，中國也有梁山伯與祝英台，這個哈薩克的愛情故事，在中亞地區亦廣為流傳。

陵墓角落中的一座塔樓上，刻有古代的詩句：「秋天……雲……地球是美麗的。」我們來的時候是初夏，天是地中海的藍，萬里無雲，四周遍植花草樹木，在紅花綠葉的映襯下，陵墓就像一座美麗的花園。

正是黃昏時分，遊人已不多，一個母親帶着小孩在此遊玩，母子都很健康漂亮，也許當地人常常到來遊逛，盼望得到阿依莎的祝福！

怛羅斯戰役與造紙術西傳

六一八年，唐朝統一中國，開創大唐盛世，先後消滅了東、西突厥汗國，西域諸國曾一度納貢稱臣。為了鞏固邊防，唐朝廷在龜茲設安西都護府，管理西域一帶的國家。

唐天寶年間，駐守安西都護府的節度使是名將高仙芝，他本是高句麗人，驍勇善戰，曾多次遠征西域，為唐朝立下了不少汗馬功勞。

據史書記載，西域石國「無番臣禮」，被高仙芝領兵討伐。石國主動求降，高仙芝初則允諾和好，不久卻背信棄義，血洗石國城池，並大肆掠奪財物，又將被俘的石國國王處死。石國王子僥倖逃脱，向阿拉伯帝國的阿拔斯王朝（中國史稱「黑衣大食」）求救，大食援軍計劃進攻安西四鎮。

為了先發制人，高仙芝主動進攻，於七五一年（天寶十年）率領大唐聯軍，包括二萬漢軍，外加盟軍拔汗那，以及葛邏祿部一萬人，「深入七百餘里」，在怛羅斯與阿拔斯王朝三萬阿拉伯騎兵相遇，雙方展開了決戰。激戰五日後，大唐聯軍中的葛邏祿突然反叛，倒戈相向，於陣後偷襲唐軍，唐軍腹背受敵，終至潰不成兵。唐軍戰敗，幾乎全軍覆沒，「士卒死亡略盡，所餘才千餘人」，高仙芝率數千人突圍而出，逃回龜茲，而阿拉伯軍也未敢乘勝追擊。其後唐亦因安史之亂，國力大損，只能退出中亞，失去了西域千里之地。

在歷史的長河裏，怛羅斯一役，決定了東西兩大帝國的勢力的消長，中國的影響力從此撤出中亞。阿拉伯帝國控制了中亞，亦令中亞走上伊斯蘭化之路。

杜佑《通典》記載：「族子環隨鎮西節度使高仙芝西征，天寶十載至西海，寶應初因賈商船舶自廣州而回，著《經行記》。」杜環是高仙芝軍中書記，也成了戰俘中的一員，他在中亞、西亞及地中海等大食地區居住十年之久，曾隨阿拉伯使團經過埃及、蘇丹而到達埃塞俄比亞的摩鄰國，據說是第一個來到非洲的中國人。他回到波斯灣後，於七六二年獲准回國，搭上商船由海路返回廣州，並將他在異域的遊歷見聞，寫成《經行記》一書。

在這場戰役中，近萬人被俘，被俘虜的士兵中，就有許多能工巧匠，例如造紙匠、金銀匠、紡織匠、畫匠等。杜環在大食國都，就曾見過中國工匠在當地工作。

戰後，懂得造紙的中國工匠，被俘往撒馬爾罕，在那裏建立了第一座造紙作坊，從此造紙術傳入中亞，再轉往阿拉伯，繼而流入歐洲。

中國紙張柔和平滑、便於書寫，很快便取代了埃及紙草、羊皮和樹皮，而西方文明，也因此獲得了迅速的發展。也許，沒有造紙術的西傳，就沒有西歐的文藝復興和啟蒙運動。

神秘的赤色石城——阿克雅達斯遺址

今天，中亞古絲路沿線上，仍然有不少著名的歷史遺跡。距離塔拉茲四十五公里處，就有一個考古遺址，那就是阿克雅達斯古城（Akyrtas），是哈薩克斯坦境內最神秘的古代建築之一。古城在天山山脈腳下，坐落於塔拉茲山谷一處高地。

從車子走下來，停車場旁邊，竟然有一幢非常現代化的建築，看起來像一座博物館。大門緊緊關上，從落地的玻璃窗往內望，只看到一排排的椅子，整整齊齊擺放在館內，牆上似乎掛着一些照片，卻看不到任何文物，可能博物館尚未開放。

遺址呈長方型，結構相當完整，而且錯落有致，南北縱向和東西橫向的兩條主要街道，將這個建築分成四個部分，城角還能看出原先塔樓的痕跡。古城由巨型的紅色石頭建成，有的方方正正的，有的造型比較奇特。從地下鋪設的陶水管可見，此地曾有完整的排水系統。

阿克雅達斯古城內的陶水管

早在十九世紀的中葉，有關阿克雅達斯古城的研究工作已展開了。究竟古城是怎樣建起來的，建起來要做甚麼，卻沒有統一的説法，曾有學者宣稱，古城是佛教寺廟，也有考古學家説，這是景教（基督教一個教派）的修道院。時至今日，根據最新的研究報告，古城是阿拉伯人修建的，因為在一塊石頭上發現了阿拉伯圖案。德國學者認為這是阿拉伯帝國的軍事將領屈底波（Kuteba）在八世紀初下令修建的宮殿，它之所以未被建成，據説是因為屈底波企圖叛亂而被處死。

在烈日之下，遊走於這樣的一座遺址中，彷彿置身在一個偌大的露天公園，大家都興奮莫名，爭相與巨石拍照。這些碩大無比的紅石，到底是如何搬來的，實在耐人尋味，就以現代的搬運技術來説，也絕不容易。導遊告訴我們，有些哈薩克人認為，這項神秘的工程，並非普通人的能力可以做得到，可能是外星人的傑作。甚至有當地人相信，石頭擁有治療疾病的功能，這大抵只是穿鑿附會的説法。

宮殿的旁邊有花園，附近也有農莊，不遠處有露天的採石場、黏土坑，沿着山路往上走，還有瞭望塔和驛站。那裏背靠山坡，既可以察看塔拉斯河流域，亦可以俯視從山谷走過的絲路商旅，是興建驛站和瞭望塔的理想位置。

這個古城遺址的記載，最早見於一二二二年，據《長春真人西遊記》[2]所記，道教全真派道士丘處機（道號長春子）前往撒馬爾罕覲見成吉思汗的途中，曾路經此地，描述如下：「七八日，山忽南去，一石城當途，石色盡赤，有駐軍古跡。」跟我們眼前所見的模樣，真的相當近似。

研究遺址的學者和專家還表示，直到今日，在中亞與哈薩克斯坦，沒有再發現建築用的石頭如此巨型，也無歷史遺跡有相近的規模與樣式。

二零一四年，中國、哈薩克斯坦、吉爾吉斯斯坦的絲綢之路遺址，已被聯合國教科文組織列為世界遺產。哈薩克斯坦有八個，阿克雅達斯就是其中的一個。

2《長春真人西遊記》是中國道教全真派道士丘處機（長春真人）應成吉思汗之詔遠赴西域，沿途所見所聞，由其弟子李志常筆錄而成，是研究十三世紀中亞、蒙古歷史，以及中國道教歷史的重要典籍。

古城由紅色的石頭建成

紅色巨白

蘋果之城——阿拉木圖（Almaty）

從神秘的赤色古城遺址阿克雅達斯，重回阿拉木圖這個現代化的城市，彷彿走了千多年。在歷史上，阿拉木圖幾經變遷，曾經歷過土耳其、俄國的統治……其後成為哈薩克斯坦的首都，直至一九九七年遷都至阿斯塔納（Astana）為止。今天的阿拉木圖，是哈薩克的主要交通樞紐，也是商業及文化中心，已成了中亞最大的城市。一九九一年，蘇聯解體，獨立國家國協的簽字儀式，就在阿拉木圖舉行，中亞五國正式宣佈為獨立國協的成員。

阿拉木圖距離吉爾吉斯邊境不遠，只有二十五公里；它與中國邊境也很接近，坐火車到新疆烏魯木齊也不超過三十小時。這個哈薩克第一大城市，位於天山北部山脈腳下，三面環山，境內有多條山溪流過，樹木繁茂，漫步街頭，滿是綠意，偶爾抬起頭來，還可以看到山峰上皚皚的白雪。

據導遊說，在哈薩克語中，阿拉木圖就是「盛產蘋果之地」，城市的南郊漫山遍野都是果園，其中以蘋果園最多，怪不得有「蘋果之城」的美譽。

在二十世紀的七十年代，阿拉木圖修建了沙俄時期，以至蘇聯風格的建築，既有東正教教堂，亦有博物館、歌劇院、文化館、圖書館、公園、廣場……令人恍如置身於東歐的城市。

現時的阿拉木圖，是中亞最現代化城市，甚至比烏茲別克的塔什干更現代，也更開放。市內的街道整齊寬闊，道旁植滿樹木，為城市帶來清涼無比的感覺。城裏的高級食肆、咖啡館比比皆是，還有西式的快餐連鎖店，如麥當奴、肯德基……大型的購物商場到處都有，售賣的是歐洲的名牌貨品，甚麼品牌都能找到，還有汽車陳列室，路上時有歐洲的名廠跑車在飛馳，反映出這個城市的繁榮和富庶。

哈薩克的「詩聖」阿拜

Kok-Tobe 山位於阿拉木圖的市中心，大家可以坐纜車上山遊覽，纜車的終點站就是阿拉木圖的最佳瞭望台，可以俯瞰整個城市。這裏有許多餐廳，提供地道的美食，大家可以邊用餐邊欣賞這座城市的美景。附近還有一個小小的動物園，可供小孩遊逛，如果你是披頭四的歌迷，還可以跟他們的銅像合照。

也許，哈薩克對詩人特別尊敬。在 Kok-Tobe 山腳的纜車站附近，有一尊「詩聖」阿拜的雕像。阿拜・庫南巴耶夫（Abay Qunanbayuli）生於十九世紀，代表作是《阿拜箴言錄》，他的詩歌語言細膩，作品針砭時弊，文筆犀利冷峻，恰似魯迅先生，他對貧苦人民寄與深切的同情，在哈薩克文學史上的地位，亦不亞於中國的杜甫。阿拜的詩歌富有哲理，詩句如「世界有如海洋，時代有如勁風，前浪如兄長，後浪是兄弟，風擁後浪推前浪，亙古及今皆如此。」充分反映出詩人的處世哲學和智慧。

除了阿拜，在阿拉木圖的市內，也豎立了「吟唱詩人」江布爾的塑像，詩人頭戴皮帽，左手持着冬不拉，盤腿坐在石上，造型跟塔拉茲的不一樣。

吟唱詩人江布爾的塑像

冼星海的故事

從來沒有想過，在阿拉木圖市，有一條冼星海大街，街道的盡頭，還矗立着一座冼星海紀念碑。冼星海是中國著名的作曲家，「為抗戰發出怒吼，為大眾譜出呼聲」的抗日歌曲《黃河大合唱》，正是他的名作。

如果不是來到了阿拉木圖，我完全不曉得，冼星海曾居於此地。更想不到，遠在哈薩克，竟聽到了冼星海這段在異鄉的故事。

話說在一九四零年，冼星海到莫斯科為紀錄片《延安與八路軍》進行後期製作和配樂，一九四一年六月德軍入侵蘇聯，戰爭爆發，他欲取道蒙古回國受阻。一九四二年底，冼星海從莫斯科輾轉流落到阿拉木圖，顛沛流離、貧病交迫，幸得當地的音樂家拜卡達莫夫收留了他，在這裏度過了他生命中最後的兩年。

在這段期間，他埋首工作，發奮作曲，創作了不少音樂作品，如交響曲《民族解放》、《神聖之戰》及《中國狂想曲》等，其中最著名的，就是以哈薩克為題材的英雄交響詩《阿曼蓋爾德》。此外，他還收集和改編了大量的哈薩克民歌。一九四四年，冼星海得到了拜卡達莫夫的推薦，他離開了阿拉木圖，前往科斯塔納的音樂館做音樂指導。後來，體弱多病的冼星海在巡演出時患上肺炎，一九四五年病逝於莫斯科。

在哈薩克斯坦，街道多以名人的名字命名，以表達敬意。為了紀念這位偉大的作曲家，阿拉木圖市長將原有的「弗拉基米爾大街」，重新命名為「冼星海大街」，同時，還在街頭的一角，為冼星海豎立紀念碑。碑的造型為荷花，象徵純潔高雅，碑文刻上中、哈、俄三種文字：「謹以中國傑出的作曲家，中哈友誼和文化交流的使者冼星海的名字命名此街為冼星海大街」，還鐫上了冼星海的生平簡歷，以及交響詩《阿曼蓋爾德》第一行樂譜。

冼星海的命運固然坎坷，他在窮途末路的一刻，遇上了宅心仁厚的拜卡達莫夫，可說是不幸中的大幸。冼星海不會說俄語，只會說漢語和法語，儘管兩人語言不通，但音樂無疆界，兩位音樂家惺惺相惜，成就了這段跨越國界的傳奇。

緣起不滅，相隔半個世紀後，就在一九九八年，為了參加冼星海故居紀念牌的揭幕儀式，兩位音樂家的女兒——冼妮娜和拜卡達莫娃，終於相聚於阿拉木圖，延續了兩代的情緣。

潘菲洛夫英雄紀念公園

也許當地人都愛花，花店隨處可見，市內也有不少漂亮的公園，阿拉木圖最著名的地標，就是潘菲洛夫英雄紀念公園（Panfilov Heroes Memorial Park），公園佔地甚廣，園內植滿高大濃密的綠樹。

木造的東正教堂——澤尼科夫大教堂

園內的東正教教堂——澤尼科夫大教堂（Zenkov Cathedral），又稱聖母升天大教堂，由澤尼科夫設計，建於一九零四年，歷時三年才完成，是阿拉木圖最具代表性的建築。在青翠蒼綠的公園內，教堂份外奪目，米黃色的外牆，襯以乳白色的窗框，方格彩紋的圓穹上是鍍金的圓頂，頂端還有東正教的十字架，從外觀看，與俄羅斯東正教教堂的分別不大。不過，它的建築結構很特別，整幢教堂純用木材建成，沒有一根鐵釘，甚至連牆上的釘子也如是。

在一九一一年，天山腳下一場大地震，幾乎將阿拉木圖夷為平地，唯有這座高達五十六公尺的教堂，卻依然屹立不倒，奇跡地保存下來。有人說是「神跡」，我倒以為，建築技術的超卓應記一功，整座教堂用的是榫卯結構的模式建築，地震時，教堂左右搖晃，反而不易倒塌。

然而，倖存的澤尼科夫教堂，跟中亞其他地方的宗教場所命運相若，亦難逃一劫。在前蘇聯統治時期，教堂曾一度遭政府下令關閉，亦被改用作國家中央博物館和音樂廳。大教堂的修復工程，始於一九七三年，到一九九五年，政府將教堂歸還教會，經過進一步的維修，才恢復原貌，至一九九七年才重新開放。

俄國及蘇聯統治哈薩克近一世紀，居於哈薩克的俄羅斯人，約佔人口三成。自獨立以來，人民有選擇宗教的自由，佔大多數的哈薩克族人信奉伊斯蘭教，但絕大部分的俄裔國民則是東正教教徒。

我披上頭巾，隨着人羣走進教堂裏面，牆上滿是聖像及壁畫，色彩斑斕奪目，有些更用珠子或金屬砌成，手工非常精美，延續了東正教堂一貫的華麗風格。東正教堂沒有座位，會眾只能站着崇拜，在水晶燈眩目的光影中，堂內擠滿參加彌撒的教徒，站在一旁觀看，也能感受到那一份寧靜祥和的宗教氣氛。

在教堂的門口，碰上兩位老人家，伴着一對粉雕玉琢的白俄娃娃，東正教堂果真是俄羅斯人的天下！

二戰烈士紀念碑

繞過玫瑰花圃，穿過林蔭大道，離教堂的不遠處，便是烈士紀念廣場。從傳統的俄國教堂，走進現代的蘇聯建築，就像登上一部穿越時空的列車，飛快地跑了一程。

廣場上矗立着二十八勇士的雕像，教人想起了公園的命名的來源——潘菲洛夫軍團。回溯上一個世紀，二次大戰期間，納粹德軍於一九四一年向蘇聯開戰，屬於蘇聯加盟國的哈薩克，亦投入戰爭中。阿拉木圖的潘菲洛夫部隊，素以打硬仗聞名，奉命抗禦德軍，為保衛莫斯科而戰。為阻擊德軍的進攻，他們投擲手榴彈，以血肉之軀撲向對方的坦克。結果，二十八位勇士全部壯烈犧牲，其後，獲授予「蘇聯英雄」的勳章。

眼前巨大的塑像昂然而立，氣勢逼人，居中身形高大的戰士，張開雙臂，敞開胸膛，凌空撲出，視死如歸的神情刻在臉上，在他的身後，其他的戰士亦前仆後繼，盡顯一往無前的堅毅形象。赭紅色的基座上，以俄文刻上「偉大的俄羅斯，我們已退無可退，身後就是莫斯科！」那是克洛奇科夫（Klochkov）在莫斯科保衛戰中的名言。

雕塑的前面是一條長長的甬道，由黑色大理石鋪成，上面有一顆環以稻穗的金星，金星的中央，燃點着一團長明火（Memorial of Glory with Eternal Flame），象徵着生生不息——「為了自由和領土完整而英勇犧牲的英雄永遠在人們心中」。大理石上還有幾束鮮花，前來獻花的人可真不少。

據説，在阿拉木圖，新婚夫婦都會來到潘菲洛夫公園，在這座「光榮紀念

澤尼科夫大教堂

二十八勇士的雕像

碑」前拍照留念，懷緬戰士奮不顧身的英勇事跡。

再往前走，是一座迴廊，中央高掛的金星徽章，大抵在前蘇聯時期曾紅極一時，如今看來，已是黯然失色。

廣場的南面，在綠色的草坡上，豎立着另一座紀念碑，有三個戰士的雕塑，兩個站立的士兵臉容憔悴，前面坐着的士兵疲態畢露，低低的垂頭下來，悲傷的眼神控訴着戰爭的磨難，實在教人感到唏噓不已。基座上面刻有烈士的名字，還有鋼盔、橄欖枝和步槍的銅雕。導遊告訴我們，紀念碑追悼的是在阿富汗戰爭中遇難的哈薩克士兵。擺放在槍枝附近，有一朵小小的紅花，在沉重的氛圍中，顯得份外觸目，不知是誰獻上的。

對於戰爭，不同的人，也許有不同的看法。兩座風格迥異的雕塑，是不同時期的作品，標記着兩場相距多年、性質不同的戰爭，亦揭示出不同的信息，視乎人們如何演繹。

三個戰士的雕塑

哈薩克民間樂器博物館

在紀念廣場的東北角，有一幢古色古香的木建築，綠色尖塔形的屋頂，有點像鐘樓，外型很特別，也是建築師澤尼科夫的作品，建於一九零八年，原是軍官會議廳，在一九八零年改建為民間樂器博物館，館內收藏了超過六十類的傳統哈薩克樂器。

博物館門前有一個樂器的銅雕塑，造型很別致，原來就是庫布孜（kobyz），是哈薩克族人最早發明的一種古老樂器。可惜時間來不及，我們只能跟博物館擦身而過。

也許，下次再來的時候，一定要抓緊時間入內參觀。博物館設有一個小禮堂，偶爾會舉行傳統樂器的演奏會。導遊說：「哈薩克人最擅長演繹自然界中的聲音；而庫布孜的聲音，還可以治癒身體的不適。」但願我們能有欣賞的機會！

哈薩克民間樂器博物館

綠色巴札

認識一個城市，可以在廟堂之上，也可置身江湖之間。遠離紀念碑、大教堂、博物館，在綠色巴札（Green Bazaar），也可以讀出這個城市的故事。如果在阿拉木圖，沒有到過這個傳統的市場，也許你會以為自己只是路經一個東歐的城市。

走進大巴札，在井然有序的攤檔之間穿插，你會呼吸到強烈的中亞的氣息。跟其他地方的巴札相若，這裏的商品應有盡有，整個市場被劃分成幾個區域，出售各種各樣的貨品，除了食品、衣服、日用品、廚房用具，甚至連翻修房子的工具都一應俱全。

民以食為天，對於我們來說，最吸引的當然是食品，新鮮悦目的蔬菜瓜果——蘋果、葡萄、蜜瓜、南瓜、辣椒、蕃茄……，堆積如山的乾果、堅果——杏脯、葡萄乾、開心果……還有糖果、巧克力，教你嚐之不盡，香料、乳酪、肉腸、醃製食品少不了，看到韓國泡菜，也不用詫異，住在此地的韓裔國民，為數不少。一排排肉檔亦十分壯觀，售賣的肉類，除了豬、牛、羊，還有馬肉，我們時間有限，只能匆匆走過，未免遺憾。

走累了，可以坐下來休息一下，喝杯咖啡或果汁，餓了，還可以吃碗乾麵（Lagman）或抓飯（Plov）……價格可真便宜！

步出巴札，圍在外面經營的店舖其實不少，對象大抵是遊客，賣的多是紀念品，滿載哈薩克民族風味的圍巾、帽子、掛毯……顏色鮮艷奪目，教人愛不釋手。買呢？抑或不買？看來大家都遇到了考驗。

綠化城市——塔爾迪庫爾干（Taldykorgan）

從阿拉木圖到塔爾迪庫爾干，比想像中還要遠。離開「綠色巴札」，車子沿着崎嶇不平的公路，向東北跑，不足三百公里的路程，竟走了將近七個小時，深夜十一時，才到達目的地。

塔爾迪庫爾干，位於準噶爾阿拉套山麓，卡拉塔爾河畔，位於七河流域的中心地帶，是昔日葛邏祿的都城海押立。

時移世易，自二零零一年起，塔爾迪庫爾干便成為阿拉木圖州的首府。跟繁盛的阿拉木圖不同，這個寧靜平和的城市，相對較小，置身其間，感到的是整潔和舒適。在哈薩克語中，塔爾迪庫爾干意指「柳樹環抱的山丘」，走在路上，果然綠樹成蔭，是名副其實的綠化城市，清新的空氣迎面而來，連公共交通車站的設計，在簡潔中也顯出特色。

多年前，當地人笑稱塔爾迪庫爾干為阿拉木圖州的「衣帽間」，好像「可有可無」，但如今它已成為中亞鐵路的要站，有支線與土西鐵路相連，對整個阿拉木圖州的經濟、文化，都有着重要的意義。

「葛邏祿」，遙遠的名字

追源究始，葛邏祿人最早遊牧於阿爾泰山南部、新疆北部的草原，其後遷徙至錫爾河流域、七河流域、伊犁河河谷一帶，早期曾歸屬突厥汗國，至七世紀五十年代初，始歸順於唐。

這個活躍於中亞的遊牧民族，在七五一年的「怛邏斯之戰」中，曾扮演關鍵角色。如果不是葛邏祿人勾結阿拉伯人，從陣後偷襲唐軍，導致唐軍的精鋭部隊全軍覆沒，歷史可能會改寫。他們的叛變，不但成為了這場戰役勝負的轉捩點，亦令到中亞開始步上伊斯蘭化的不歸路。

至七六六年，葛邏祿強盛起來，逐步佔領楚河流域西突厥故地，其中包括著名的碎葉城、怛邏斯城。葛邏祿人原是遊牧民族，居無定所，進入楚河流域後，也兼營農業。十世紀前半期，葛邏祿與回鶻等族聯手建立喀喇汗國（黑汗王朝），七河流域成為葛邏祿人活動的區域。

據《世界境域志》[3]記載：「這是一個繁榮的國家，在突厥諸地中是最美麗的地方，該國有奔騰不息的河流與宜人的氣候，出產各種各樣的毛皮。葛邏祿人是近於文明的民族，殷勤好客，喜歡交際。葛邏祿的國王往昔為葉護，該國有

3《世界境域志》是著於十世紀末期的一部波斯文地理著作。該書原是為一本地圖寫的序言和説明。其內容是先綜述當時所知的全世界的地域劃分、海洋、島嶼、山脈、河流與沙漠，然後將世界按國家與地域分別敍述。

城鎮與鄉村，有些葛邏祿人是獵人，有的是農夫，有的是牧畜者，他們是好戰的民族，習於劫掠。」

至一二一一年，葛邏祿人投附了成吉思汗，被稱為哈喇魯，後來還被納入察合台汗國。

元朝時代，該族出身的迺賢（一三零九至一三六八，清人譯作納新），其先世居於巴爾喀什湖一帶，元初來中原為官。迺賢先居住於南陽，後定居浙江鄞縣，少年時代遊歷於江浙一帶，他的學問、性情受到了江南文化的薰染。這樣的一個「色目」人，已徹底漢化，除了通曉波斯語、蒙古語外，他還能以漢語賦詩，縱使與中原本土的文人作品比較，亦毫不遜色。作品之中，詩有《金台集》，文有《河朔訪古記》，此書十分注重考古遺跡的實地調查，是中國考古學上一部重要的著作。

無論對七百年前的迺賢，還是對今天的我們來說，「葛邏祿」，都是一個遙遠的名字。

博物館和文學館

老遠跑到這裏來，先參觀的是歷史和地誌博物館和文學館。博物館內展出了大量的出土文物，其中以哈薩克的標誌——大名鼎鼎的「金人」最惹人注目，雖然只是個複製品，另外還有大大小小的「石人」，也非常吸引。

文學館離博物館不遠，是一所俄式的老房子，綠色的外牆，襯以白色的窗框，古樸雅緻。館內藏品豐富，除展示書籍、圖片之外，還陳列出有作家的塑像和文物，文字說明亦頗為詳細。館內介紹的多位文學家，除了有哈薩克「詩聖」之稱的阿拜・庫南巴耶夫外，還有近代作家穆合塔爾・阿烏埃佐夫，他的代表作《阿拜之路》，正好就是描寫詩人阿拜一生的長篇歷史小說。此外，重點介紹的還有著名詩人 Ilyas Zhansugurov，其詩集《克拉格》（*Kulager*）是哈薩克文學的經典之作。他一生致力推廣文學，曾為學校編寫教科書，亦從事文學批評、文學翻譯，以及為哈薩

文學館

克民間文學的出版作籌劃。他曾翻譯普希金、高爾基等名家的作品，可惜我完全不懂哈薩克文，亦不懂俄文，有如入寶山空手回的感覺。

重要的紀念碑

在塔爾迪庫爾干的市中心，豎立了幾個重要的紀念碑，其中一個是「Ushata」紀念碑，紀念三位活在十七至十八世紀的歷史人物，包括埃斯凱里迪比（Eskelidy-bi）、巴爾皮克比（Balpyk-bi）和卡班利沙・雅各布（Kabylisa-zhyrau）——精湛的政治家、聰明的法官和偉大的詩人，他們曾對抗準噶爾的入侵，為哈薩克民族作出重大貢獻。眼前三位老人的雕像，朝向東方，好像他們的目光正在穿越時空，看到獨立的哈薩克斯坦的黎明。

市內還有博根巴伊・巴特爾（Kanbabai-batyr）的紀念碑，這位「馬上英雄」是十八世紀哈薩克汗國的著名勇士，其父阿克沙是貴族。他的戰績彪炳，曾將進犯的沙俄哥薩克騎兵驅逐，亦參加過百餘場對抗準噶爾的戰鬥，對擊敗準噶爾的侵略，發揮了極為重要的作用。

七河紀念碑

Ush ata 紀念碑

博根巴伊・巴特爾紀念碑

除了歷史人物的紀念碑，還有一座現代化的雕塑，立在綠色的草坪上，據導遊介紹，這就是「七河」紀念碑，象徵七條河流，碑的基座像個穹頂，分為四部分，四條支柱向上展開，向中央匯聚，形如倒立的花瓣，在慶祝哈薩克斯坦獨立二十週年時揭幕。

離開塔爾迪庫爾干時，途經卡拉塔爾河，望着橋下的流水，想起孔子的感喟「逝者如斯夫，不捨晝夜。」車子往前奔，在陌生的國度裏，我們都只是過客，或匆匆走過，或駐足而觀，走過的路都成為背後的風景。

重返阿拉木圖

從塔爾迪庫爾干重返阿拉木圖，途經伊塞克（Issyk），這是我們行程中的重點。在這裏，可以尋找哈薩克民族的歷史。

哈薩克民族的祖先是遊牧民族塞種人，班固在《漢書》中稱之為塞人，即波斯文獻中的薩迦（Saka）人，而希臘著名歷史學家希羅多德在《歷史》一書則稱之為斯基泰人。公元前五世紀，塞種人已活躍於現今吉爾吉斯及哈薩克草原上。

傳說中的塞人是個強悍的民族，他們居住在歐亞的中心地帶，抵擋着四方八面湧來的侵略者。公元前六世紀初，著名的帝王居魯士入侵裏海和錫爾河之間的一支塞人部落，其女王托米麗司率領大軍，抗擊入侵的波斯軍，取得勝利，並殺死了居魯士。女王割下他的腦袋，扔在盛酒的革囊中，豪邁地說：「讓你喝過痛快！」公元前四世紀，馬其頓帝國的亞歷山大大帝也曾栽在塞人手裏，當他率領大軍，想衝過錫爾河，佔領塞人的廣大草原時，被善戰的塞人用箭射穿了大腿，因腿骨粉碎而被迫撤軍，飲恨河畔。

伊塞克古墓的「金人」

一九六九年，距阿拉木圖以東五十公里的伊塞克（Issyk）湖地區，發現了多座古塚。考古學家在一座古墳中，發掘了塞種人貴族的墓，墓主是個年約十八歲的年輕王子。墓的主室已被盜，南側室卻發現墓主穿着的金衣、金尖帽、金靴，衣服、皮革與木製品早已腐朽，出土時只剩下散佈全身的黃金，故又被稱為「金人（Golden man）墓」。根據考證，古墓的年代大概為公元前五至前四世紀。「金人」腰間佩有一把金柄鐵劍，劍上刻有精美的動物紋飾。墓中出土了一大批文物，有四千多件金飾，包括飾有鹿角、羊角翼馬的金冠，還有虎、豹、馬、麋鹿、山羊等動物造型的金飾牌，此外，亦有木器、陶器、青銅器；最特別的是一隻高約二點二厘米的小銀杯，杯底刻有二十六個符號，也許，這是當時的書寫文字。

考古學家在伊塞克市周圍，還陸陸續續發現更多的古墓。塞人為何如此酷愛黃金，對考古學家來説，至今仍是一個未解之謎。

伊塞克國家歷史文化遺產博物館（The State Historical-Cultural Museum - Reserve "Issyk"），在二零一四年才開放，館內收藏了大量的出土文物。在展廳的中央，安放的正是復原後的「金人」，雖然只是個複製品，但仍被放置在玻璃罩內，四周的玻璃櫃內，都是精美的黃金飾物、飾牌，實在令人歎為觀止。

我們還巧遇考古學家 Bekmukhanbet Nurmukhanbetov，大家都喊他 Beken。在 Beken 及其導師 Kemal Akishev 的領導下，考古團隊發現了「金人墓」，他也是籌建這所博物館的發起人。這位傳奇的考古學家，身材短小精悍，滿頭白髮，戴的是哈薩克小圓帽，臉上的眉毛、鬍子已全白，他穿的是白上衣白長褲，外披半袖棗紅色的民族服，活像一個老頑童。

考古學家 Beken

伊塞克國家歷史文化遺產博物館內的金人

博物館外是一大片青草地，不遠處，樹林中掩映的是低矮的平房，更遠處，連綿天際的山脈拔地而起，那就是天山。

從室內走到室外，Beken 手舞足蹈地向大家介紹，四十多年前他在哪裏發現了金人墓，愈說愈興奮。如果不是翻譯在旁，我們當然聽不懂他說甚麼。這位熱情奔放的考古學家，畢業於哈薩克斯坦國立大學歷史學院，畢生獻身考古工作，已於二零一六年的六月不幸去世，踏上最後一次「遠征」之途。

「金人」的發現，重塑出哈薩克民族祖先的形象，草原上的遊牧民族早已消失在歷史中，他們的血緣，也許仍流在今日中亞人的身上。

離開伊塞克，車子奔馳在路上，夕陽的餘暉在天際逐漸隱沒，天色漸漸暗淡下來。進入阿拉木圖市區，迎接我們的燈火，似乎比「金人」還更璀璨。這個晚上，導遊特別為大家安排了一頓中菜，在公主飯店。坐下來，呷一口熱茶，彷彿洗去一身的疲勞。菜好吃嗎？在這個遠方的城市，還能要求甚麼呢？

泰姆格里大峽谷的岩畫

這天是留在哈薩克斯坦的最後一天，也是我們最期待的一天，大清早便起來，從阿拉木圖出發，到泰姆格里大峽谷看岩畫去。

岩畫是原始社會的人民，以獨特的方式對歷史作出記錄，他們雕刻或描繪在岩石上的畫像，可說是形象化的「史書」，是對文字史書的一大補充。

遼闊的泰姆格里大峽谷（Tamgaly Gorge），位於乾旱的楚河與伊犁河間的山脈之中，曾是遊牧人民生活的地方，關於他們的文明，卻沒有正史的記載，他們留下的岩畫，就成了那個時期珍貴而獨特的資料。在二零零四年，已列入世界文化遺產目錄。

多年前，考古學家在這個峽谷中，發現了五千多幅——自公元前千多年的青銅器時代開始，直至二十世紀初的岩畫。這些稀世的古代岩畫，大多雕鑿在石壁上，也有的鐫刻在墳墓遺址裏，是哈薩克斯坦早期遊牧民族的生活寫照。

峽谷在 Karabastau 村附近，就在阿拉木圖西北一百七十公里外。

車子愈往前走，天空愈是高遠，而大地卻愈見荒蕪。偶爾看見羊羣、馬羣、牛羣在草原上自由徜徉……走了幾個小時，突然之間，前方出現了一個天藍色的鐵牌，豎立在鐵欄外，遠遠便瞧見了 UNESCO 的標誌，原來目的地已在望。

風輕雲淡，不遠處的草坡上，一匹健碩的駿馬悠然地吃草，牠的主人不知往哪裏去了。

車子駛近後，我們在停車場附近還看見幾個鐵牌子，有的用三種文字（哈薩克文、俄文和英文）寫上參觀守則，有的則畫有這個「大自然博物館」的地圖，清楚標示出岩畫分佈的地區，而且劃分成幾個不同的小組，圖右的說明，還特別註明此地有毒蛇及有毒昆蟲出沒，如草蛇、銅頭蝮、毒蜘蛛（狼蛛、黑寡婦），以及毒蠍子等。「警告」的字句為這個

駿馬悠然地吃草

地方增添了幾分神秘感，也給我們帶來莫名的吸引力。

在導遊的帶領下，大家小心翼翼走進峽谷去。放眼四周，是一片綿延的低緩山坡，沒高大的樹木，只有低矮的叢林，雖然是五月，卻是草色枯黃。沿着小徑往前，走了不久，眼前便出現飽歷風霜的岩層，在陽光下閃亮。經過風化和侵蝕，岩石不斷的崩裂、剝落，岩面滿佈裂隙，在鐵鏽色的岩石上，開始出現岩畫。

最先看到的一組岩畫，展現了青銅器時代（公元前十四至前十三世紀）最原始、最有表現力的作品，包括不同的動物，如鹿、馬、牛、狼等，給我們帶來驚喜的，是一些擬人化形象，造型特別有趣，似人非人，有的還披上毛皮。這些岩畫一般比較大，從二十五到七十五厘米都有，深深地鐫刻在石頭的表面。

隨着時間往前推移，接着的一組岩畫，已從青銅器時代的晚期進入早期的鐵器時代。岩畫上出現的動物，有驢、山羊，也有以牛作為「犧牲」的畫面，主要反映了狩獵、祭祀的生活情境。

青銅器時代的岩畫

戰士拿着鐵斧在跳舞

泰姆格里大峡谷

在這個時期的岩畫藝術中，最觸目的傑作是公牛上太陽頭神像，以及懷孕的母牛，還有戰士拿着鐵斧在跳舞……

愈往前走，眼前的岩畫愈見豐富，刻畫更細緻，佔大多數的是動物，有公牛、馬、熊，甚至有駱駝拉着的戰車、太陽頭神像。最有趣的，是鹿的圖案，有點像幾何圖形，上下排列的三個鹿形，腿成蹲踞式，各有兩隻枝狀角，一高一低的，頸部特別長，而背峰成角狀突起，腰部則凹陷。據同行的考古學家告訴我們，這與蒙古的「鹿石」非常相似。

此外，在岩壁上也看到人形的太陽頭神像，頭上還刻環狀光點，造型生動而活潑，有的還擺出飲宴的姿勢，也有騎馬圖，以及突厥部族的標誌，大概是中世紀時代的作品。

在羣山環抱的峽谷裏，有一道小溪，蜿蜒流向遠方。我們在途中亦經過一些古代墓羣，是埋葬成年人或兒童的地方，墓穴是由石塊砌成的。據説，墓中還發現有瓷器，也有銅製的首飾，如

畫面豐富的岩畫

耳環、珠子，其中兩個石棺內，還發現有壁畫。

峽谷內還有些地基遺址上刻有繁複的雕版畫，已被證實是遠古祭壇的遺跡，用來擺放祭品和紀念犧牲的英雄。

在山谷內走了一圈，到最後一段，看見路旁有幾隻石龜，就像活生生的烏龜，伏在地上，大夥兒駐足而觀，有趣極了。

在這趟奇妙之旅中，看了大量岩畫。散佈在峽谷上的岩畫豐富多姿，而且有不同的主題，刻畫最多的是動物，最少的是人類。其中的動物形象，大多帶有點難以名狀的神秘色彩，與真實的動物相比，總有點「似是而非」的感覺，可能經過「藝術加工」，在創作過程中，有的部分被誇大，有的部分被縮小，有的部分被省略，而有的部分又是「無中生有」。

在岩畫的天地中，顯示了古代遊牧民族的鬥志和活力。難怪考古學家說，岩畫就像留在石頭上的史詩長卷，記錄了當時人類

古代墓葬

的發展過程，以及狩獵、放牧的勞動情況，以及宗教、信仰等各種文化的成果。

關於藝術的起源，有多種說法，其中一種是「巫術說」，最早由英國著名人類學家泰泰勒提出，以實用性來解釋藝術的起源，根據這個理論，泰姆格里大峽谷岩畫中的形象，奔放的氣勢、靈動的旋律，就是最有力的證據。

獨立廣場

從泰姆格里大峽谷回到阿拉木圖，已是黃昏時分。從洪荒之地，重回繁華鬧市，我滿腦子仍是岩畫，有點時空交錯的混沌感。

中央國立博物館已經關門，只好四處溜達。導遊領着我們，步行往獨立廣場。

獨立廣場原稱共和廣場，位於阿拉木圖市政大樓（前哈薩克斯坦原總統府）的對面。一九八六年震驚世界的「阿拉木圖事件」，就在這裏上演。蘇聯委任俄羅斯人擔任哈薩克的最高領導，引起全國上下不滿，數百青年學生走上廣場示威抗議，遭到軍警鎮壓，釀成流血衝突。正如哈薩克斯坦第一任總統納扎爾巴耶夫所説：「阿拉木圖事件不僅僅是勇氣的標誌，也是民族國家地位的體現。」事件爆發後五年，哈薩克斯坦於一九九一年宣佈獨立，從此脱離蘇聯的統治。

在廣場中央，矗立着一個獨立紀念碑，一根高二十八米的石柱，柱頂是一個「金人」，身高六米，站立在長有翅膀的雪豹上面，獨立紀念碑並不單只是紀念「獨立」，還代表了哈薩克的過去、現在與未來，帶有強烈的象徵意義。「金人」的塑像，如同烏茲別克的「帖木兒」、吉爾吉斯的「瑪納斯」，已成了哈薩克的標誌。

紀念碑下有本翻開的銅書，代表了哈薩克斯坦憲法，右頁上有納扎爾巴耶夫總統的右手印，左頁刻有哈薩克斯坦文、俄文、英文三種文

紀念碑下翻開的銅書

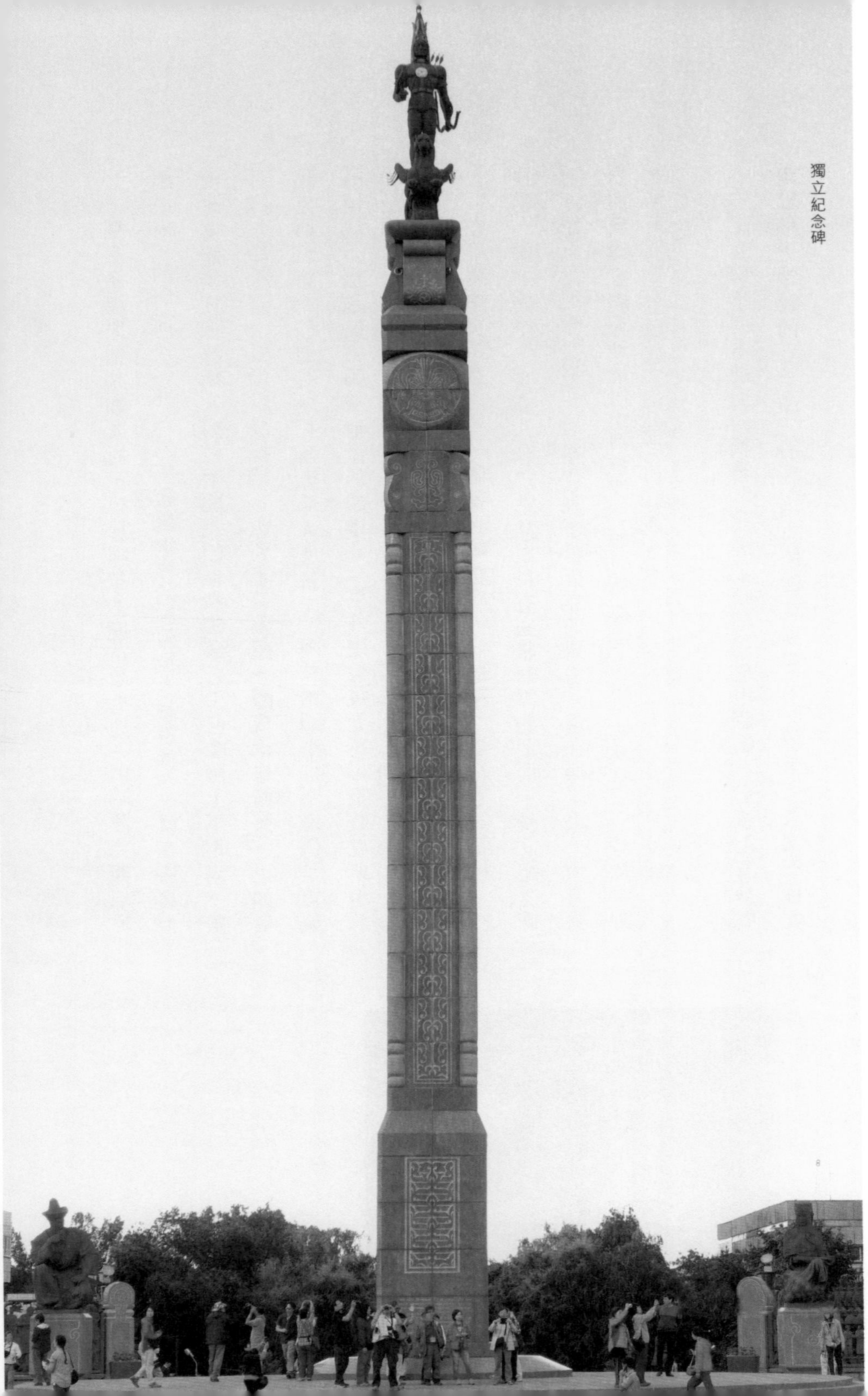

獨立紀念碑

字，英文為「Choose and be in bliss」。據說將手放在印記之中，許一個願，便能願望成真。

紀念碑旁有四座塑像，分別是哈薩克老人（天上智者）、年輕的婦女（大地母親），還有兩個騎着駿馬的孩子，象徵國家的美好未來。我們要了解哈薩克民族的歷史，才能明白獨立廣場的意義。

結語

這趟「七河」之旅的行程，亦於此結束，也許，很多年後，我會時常想起，我們在哈薩克的這個傍晚。就在這個晚上，我們便飛回香港去。中亞五國，我只去了三國，期待不久的將來，能再踏上絲路，走遍五國的土地。

後記

過去幾年，曾參加不同機構主辦的「文化遊」，追隨不同的學者，包括中文大學歷史系客席教授丁新豹博士、西北大學絲綢之路研究院王建新教授等，前往中亞，沿途聆聽他們在歷史、考古方面的講解、分享，獲益匪淺。

感謝丁新豹博士。本書得他在百忙中賜序，並提出寶貴意見，幸何如之。

感謝黃浩潮先生。沒有他的鼓勵，我未必會好好坐下來，開展這本紀遊之作。

感謝張偉成先生。書中的照片，除自家拍攝之外，大部分難得之作，均獲他慨然相贈。

感謝出版社；也感謝旅途中每段緣分。

走進中亞三國，曾參閱大量中外有關著作、資料，書中所記，部分靈感亦來自路上的導遊、絲友，沒有他們，哪能編織出這一段段的故事？

感謝正在讀着後記的你，希望你喜歡這本書。

若本書能讓讀者對絲路上的中亞，有所認識，正是我的心願。

中亞簡史

■公元前一千年左右，屬伊朗語族的遊牧民族，泛稱為斯基泰人（Scythians）在阿姆河（Amu Darya）及錫爾河（Syr Darya）之間的廣闊地區活動。

■公元前五零零至前三二七年，今天的中亞屬波斯阿契美尼德王朝（Achaemenid Empire）的領地。波斯文化及瑣羅亞斯德教（Zoroastrianism）傳入中亞。

■公元前三二七年，亞歷山大大帝（Alexander the Great）攻佔粟特（Sogdiana），其後此地成為希臘—巴克特里亞王國（Greco-Bactrian Kingdom）的北方領土。

■公元前一世紀至三世紀，貴霜王朝（Kushan Empire）領地涵蓋中亞東南部，商業發達，文化大放異彩。

■公元前一三八年，張騫奉漢武帝之命出使西域，他從匈奴囚禁中逃脫後先後到訪西域的大宛（Ferghana）、大夏（Bactria）。其後西漢遣使往條支（Mesopotamia，即今伊拉克）、安息（Parthia，即今伊朗）、黎軒（Syria，又名大秦國）等國。

■五至八世紀，粟特的主要民族是粟特人（Sogdian），他們在河中之地建立了九個小邦國，中國文獻稱為「昭武九姓」。撒馬爾罕（Samarkand）是昭武九姓中最強大的康國的所在，五世紀中期屬嚈噠，六世紀中期隸於西突厥。唐高宗永徽年間康國內附，諸國亦隨之內附，以其地為康居都護府，隸屬安西大都護府。

■六二七年，玄奘往天竺求佛法，途經中亞伊塞克湖（Lake Issyk Kul）、碎葉（Suyab）、撒馬爾罕等地。

■六五八年，唐打敗西突厥汗國，原西突厥控制的西域版圖轉歸唐領地，設安西四鎮（龜茲、焉耆、于闐、疏勒）。

■六七九年，唐奪碎葉，以碎葉代替焉耆為安西四鎮之一。武后時大規模駐軍，穩定了唐對西域管治。

■七零一年，傳詩人李白誕生於安西都護府所在的碎葉。

■七二零至七二一年，撒馬爾罕人民改信伊斯蘭教。

■七五一年，唐軍在高仙芝率領下，於怛羅斯（Talas）被阿拉伯聯軍所敗，從此唐勢力退出中亞地區。

■七五五年，唐爆發安史之亂，元氣大傷，邊兵大批內調，從此失去控制西域的能力。

■八世紀，撒馬爾罕及布哈拉（Bukhara）落入阿拉伯人手中。創造了輝煌的伊斯蘭文化，在文學、數學、天文學、哲學上大放異彩。

■十一世紀，布哈拉取代撒馬爾罕成為中亞的經濟及文化中心。

■九至十一世紀，中亞先後歸以下三國管治：

（一）薩曼汗國（Samanids）：由信奉伊斯蘭教的波斯人建立；

（二）喀喇汗國（Karakhanid）：由信奉伊斯蘭教的突厥人建立；

（三）喀喇契丹（Kara-khitan）：從中國北方遷到中亞的契丹王國「西遼」。

■十二世紀，花剌子模王朝興起，管治中亞河中地區。

■一二二零年，成吉思汗大軍攻破撒馬爾罕及布哈拉，大肆破壞及進行屠殺。

■一二二二年，長春真人丘處機獲成吉思汗之邀，往興都庫爾干（今阿富汗）覲見，途經撒馬爾罕。

■一二二零至一三八八年，中亞一帶被蒙古帝國佔領，分別劃歸欽察汗國（又稱金帳汗國，Golden Horde）與察合台汗國（Chagatai khanate）管治。

■十四世紀末至十五世紀初，帖木兒（Temur）崛起，建立一疆土遼闊的帝國，以撒馬爾罕為首邑。大興土木，此為撒馬爾罕在歷史上最輝煌的時代。

■一四零五年帖木兒率軍攻打大明，在途經今天哈薩克斯坦的奧特拉爾（Otrar）病逝。

■一四五六年，哈薩克汗國（Kazakh Khanate）成立，其統治區域大約在今天哈薩克斯坦一帶。

■一五零六年，帖木兒帝國崩壞，原生活於今鹹海以北的烏茲別克族（Uzbeks）南下攻佔了撒馬爾罕，逐漸控制了河中地區。

■十六至十七世紀，此地崛起了三大汗國：布哈拉汗國（Bukhara Khanate）、希瓦汗國（Khiva Khanate）和浩罕汗國（Kokand Khanate）。

■一八六三至一八七六年，俄軍大舉入侵中亞各自為防的汗國，浩罕、布哈拉、撒馬爾罕、希瓦等地相繼淪陷，汗國成為沙俄帝國一部分。

■一九一七年，俄羅斯爆發「二月革命」，推翻沙俄統治。其後，中亞淪入蘇聯鐵幕統治。

■一九三七年，史太林下令，把居住於蘇聯鄰近朝鮮邊境，約廿萬朝鮮族人強制遷到中亞拓殖開墾。

■一九九一年，蘇聯解體，中亞五國逐一獨立。

（中亞簡史初稿由丁新豹博士提供，經作者校訂編寫而成）

走進中亞三國——尋找絲路的故事

作　者：馮珍今
責任編輯：李倖儀
出　版：商務印書館（香港）有限公司
香港筲箕灣耀興道三號東滙廣場八樓
http://www.commercialpress.com.hk
發　行：香港聯合書刊物流有限公司
香港新界大埔汀麗路三十六號中華商務印刷大廈三字樓
印　刷：中華商務彩色印刷有限公司
香港新界大埔汀麗路三十六號中華商務印刷大廈十四字樓
版　次：二〇一八年九月第一版第二次印刷

ISBN 978 962 07 5788 4
Printed in Hong Kong